우리 아이
독서 자립

우리 아이 독서 자립

지은이 오현선
펴낸이 임상진
펴낸곳 (주)넥서스

초판 1쇄 인쇄 2023년 9월 25일
초판 1쇄 발행 2023년 10월 2일

출판신고 1992년 4월 3일 제311-2002-2호
10880 경기도 파주시 지목로 5 (신촌동)
Tel (02)330-5500 Fax (02)330-5555

ISBN 979-11-6683-643-5 03370

저자와 출판사의 허락 없이 내용의 일부를
인용하거나 발췌하는 것을 금합니다.

가격은 뒤표지에 있습니다.
잘못 만들어진 책은 구입처에서 바꾸어 드립니다.

www.nexusbook.com

문해력을 키우는 6단계 독서지도 로드맵

우리 아이
독서 자립

오현선 지음

넥서스BOOKS

차례

읽는 사람으로 산다는 것

2021년 3월 EBS에서 방송된 〈당신의 문해력〉이라는 프로그램 이후 문해력이라는 학계 용어가 널리 알려져 많은 사람들의 관심을 받게 되었습니다. 반가운 일이지만 이렇게 이슈가 될 때마다 마치 새로운 문제처럼 인식되는 것은 우려스럽기도 합니다. 마치 대단한 방법론이 필요한 것처럼 여겨져 새로운 해결 방안을 찾게 되고 그럴수록 읽기의 본질에서 멀어질 수 있기 때문입니다.

읽기의 본질은 무엇일까요? 글을 읽는다는 것은 생각한다는 것입니다. 어떤 텍스트든 읽기 시작하는 순간 독자는 글의 내용을 이해해나가며, 삶과 연결 지어 의미를 구성하려고 애씁니다. 더 나아가 자신의 삶에 주는 의미와 가치를 이해하려고 노력하며 결국 자기만의 견해를 만들어가는 것이 읽기의 본질입니다. 즉 읽기는 사람이 사람으로 태어나 좀 더 가치로운 삶을 지향하며 살고자 하는 의지의 발현인 것입니다.

우리나라의 독서교육은 어린이를 책 읽기로 자기 삶을 개척해나가는 독자가 아닌, 주어진 책을 읽고 이해해야 하는 학습자로만 대하고 있습니다. 문해력이라는 단어에 압도되어 읽기의 본질을 돌아보지 못하고 있는 것이지요. 그 결과 아이들은 '읽지 않는 사람'이 되어가고 있습니다.

이러한 이유로 이 책의 1장, 2장에는 '자신을 독자로 인식하고 책을 삶의 한 부분으로 여기는 방법'을 안내하는 독자 문해력과 문해 환경 조성에 대해 이야기했습니다. 다음으로 이어지는 어휘 문해력, 읽기 문해력, 문학 문해력, 비문학 문해력, 세상 읽기 문해력을 차근차근 따라온다면 어린이가 한 사람의 건강한 독자이자 자기 삶을 스스로 개척하는 건강한 사회인으로 성장할 수 있을 거라 믿습니다.

삶의 기반이 되는 문해력의 중요성을 매일 이야기하지만, 우리 사회는 부와 세속적 성공만을 추앙하는 것처럼 보입니다. 안정적 삶을 갈망하는 인간의 본능과 시대의 불안이 만든 자연스러운 현상이겠지요. 그런데 아이들이 너무 일찍부터 이런 사회의 맹목적 가치를 내면화하는 모습을 자주 봅니다. 아이들의 꿈도 자신의 재능과 상관없이 오로지 부를 보장하는 직업에 한정되어 있을 때가 많습니다.

학습력을 넘어 생존력이기도 한, 문해력의 가치를 진심으로 말하고 싶다면 어린이들을 한 개체로 바라보고 한 아이, 한 아이의 진짜 꿈부터 찾아주는 것이 급선무가 아닐까 합니다. 꿈이 있는 아이는 사회를 바로 보고 자기를 탐구하려고 애쓸 것이며 그 과정에서 결국 책으로 돌아갈 것이기 때문입니다. '진짜' 문해력을 높이는 일의 시작은 어린이들과 함께 책의 세계에 들어서는 일임을 기억하며 매리언 울프의 말처럼 우리 모두 '다시 책으로' 들어설 수 있기를 희망합니다.

2023년 9월 오현선

1장

독자 되기
6단계 로드맵

독자 문해력

| 1 호기심 단계기 | 2 읽기 모델 탐색기 | 3 반복 독서기 |

| 4 몰입 독서기 | 5 적극적 독서기 | 6 사회적 독자기 |

독자가
된다는 것

독자(讀者)는 말 그대로 책을 읽는 사람이라는 뜻입니다. 책을 읽는 사람의 삶에는 책이 스며들어 있습니다. 물을 마시고 밥을 먹듯 자연스럽게 책을 읽습니다. 책을 구하는 일부터 읽는 일, 읽을 자리를 마련하는 일, 책장을 정리하는 일, 책과 관련된 행사에 참가하거나 책을 읽은 뒤에 관련된 무언가를 하는 일 등이 일상에 녹아 있습니다. 독자 라이프가 형성되어 있는 것이지요.

어린이가 책을 읽는 사람으로 성장한다는 것은 독자 라이프를 만들어간다는 의미이기도 합니다. 그런데 우리 사회는 독자로서 살아가게 도와주는 독자 교육에 대한 인식이 다소 부족합니다. 책을 읽는 일 자체에만 집중하는 경향이 있습니다. 책을 잘 읽고 잘 이해해야 한다는 생각에만 빠지면 그럴 수밖에 없습니다. 책 읽기의 중요성이 강조될수록 오히려 읽는 삶을 만들어가는 일에 대한 인식은 도외시되기 쉽습니다.

텍스트 자체를 읽고 이해하는 일에 대해 고민하고 노력하는 것만큼 어린이들이 책 읽는 사람으로 살아가도록 도와주는 일의 중요성을 느낍니다. 이르면 고학년, 보통 청소년기에 들어서면서 삶에서 책이 튕겨져 나가는 경우를 자주 봅니다. 그들의 삶을 가만히 들여다보면 대부분 독자 라이프가 잘 형성되어 있지 않습니다. 스스로 읽는 사람이라는 인식을 지니지 못한 경우도 많습니다.

문해력 향상을 위한 수만 가지 이론과 노하우를 알고 있다고 한들, '읽는 삶'이 만들어지지 않았다면 의미가 없습니다. 읽기는 그저 텍스트를 분석하는 법만 배운다고 해서 능숙해지는 것이 아니기 때문입니다. 일상에서 읽는 만큼 읽기력이 성장합니다. 반복해야 능숙해진다는 것이지요.

이미 우리는 독서의 힘을 알고 있으며, 그것을 증명하듯 어린이책도 쏟아져 나오고 있습니다. 어린이 독서 교육에 대한 다양한 층위의 논의가 다양한 공간에서 오가고 있으며 여러 관련 상품이 세상에 나오고 있습니다. 이런 때에 오히려 아이들의 읽기 양이 줄어들고 있다는 사실과, 읽기 능력이 점점 떨어지고 있다는 것은 어떤 의미일까요? 우리가 무언가 놓치고 있는 것은 아닐까요?

저는 원인을 독자 교육의 부재에서 찾습니다. 실제로 책을 읽지 않는 청소년에 대한 여러 연구에서도 이를 확인할 수 있습니다. 우선 자신이 읽는 사람이라는 인식이 없으며 그러니 당연히 독자 라이프를 만들어가고 있지 않았습니다. 일상에 책이 끼어들 자리가 없는 것이지요. 그렇다 보니 스스로가 읽기를 잘한다는 인식 또한 없습니다. 문해력의 필수 요소인 읽기 효능감도 없는 것입니다.

어린이가 지속적으로 읽는 사람이 되기를 원한다면 독자는 어떻게 되어가는 것인지, 그리고 독자의 삶은 어떤 모습인지 들여다보아야 합니다.

임지형 작가의 《저 책은 절대 읽으면 안 돼!》는 주인공 준이가 독자가 되는 과정을 보여주는 이야기책입니다. 준이는 여느 아이들처럼 책에 대한 흥미가 많지는 않았습니다. 그러다 엄마가 절대 읽지 말라고 한 책을 펼쳐 드는 것으로 어느새 독서를 시작하게 되었고 나아가 친구에게 책을 권하는 사람이 되었습니다. 한 아이가 책의 세계로 빠져드는 과정이 옹골지게 담긴 이 책의 마지막 장에는 작전이 성공했다며 미소 짓는 준이 엄마의 모습이 나옵니다. 독자 역시 흐뭇한 미소를 지으며 책장을 덮게 되는 저학년 동화입니다.

이제 책 내용을 바탕으로 한 사람이 독자가 되어가는 과정을 6단계로 나누어 살펴보겠습니다. 우리 집 아이는 어느 단계에 있는지, 놓치고 있는 것은 무엇인지 점검해보시길 바랍니다. 참고로 각 단계는 특정 연령을 기준으로 하는 것이 아닌 말 그대로 한 사람이 독자가 되어가는 과정입니다. 책을 읽지 않는 성인 역시 같은 과정을 통해 독자로 성장해갈 수 있습니다.

1단계 호기심 단계기

책이라는 물체에 호기심을 갖는 단계입니다. 어린이는 대부분 태어나면서부터 자연스럽게 책을 접합니다. 책을 읽어보라고 종종 권유받기도 합니다. 그러나 이 시기에는 좀처럼 스스로 책을 펼치지 않습니다. 책 안의 세계가 얼마나 넓은지, 한번 빠지면 얼마나 행복한 마음을 갖게 되는지 깊이 경험해보지 않았기 때문입니다.

이때 부모님이 해야 할 일은 지속적인 책 노출과 호기심 자극입니다. 부모님이 원하는 책이 아니라 어린이가 읽을 만한 책, 펼치면 빠져들 책을 구해서 오며 가며 볼 수 있는 곳에 노출해주는 것이 최선입니다. 단순하고 쉬운 일 같지만 결코 쉽지 않습니다. 매번 다른 책을 구해서 새롭게 노출해야 하고 좀처럼 관심을 갖지 않아도 인내하고 지속적으로 해야 하기 때문입니다.

그리고 단순히 노출만 시키는 것이 아니라 호기심을 가질 수 있도록 도와주어야 합니다. 《저 책은 절대 읽으면 안 돼!》속에서 준이 엄마는 호기심 자극을 위해 "저 책은 절대 읽으면 안 된다"는 말을 반복해서 결국 아이가 책을 읽도록 하는 데 성공했는데요. 우리는 조금 더 적극적으로 도와야 합니다. 노출한 책과 관련된 주제의 영화를 같이 본다거나, 관련된 곳을 여행하는 것, 먼저 읽어보고 자연스럽게 생활 속에서 이야기를 꺼내보는 등의 노력이 필요합니다.

다르게 생각하면 평소 어린이의 삶과 연결된 책을 찾아 꾸준히 노출한다는 의미도 됩니다. 우리 가족이 최근 나들이하거나 여행한 곳과 관련된 책, 어린이가 생활 속에서 경험했던 것, 요즘 관심사와 연계된 책을 찾아주는 것이지요. 예를 들어 최근 식물을 키우기 시작했다면 식물에 대한 책을, 유튜브에 한창 빠져 있다면 유튜브에 대한 책을 찾아 잘 보이는 곳에 두는 것입니다.

한 사람의 흥미는 주로 한 가지에 집중되고 폭이 좁을 수 있습니다. 물론 그만큼 깊어질 수 있지요. 그런데 흥미를 독서와 연결시키려면 그때그때의 상황, 흥미에 맞는 도서를 찾아주어야 합니다. 그것만으로도 책을 펼쳐 들 가능성이 있으며 이것이 책에 호기심을 갖게 하는 첫 단계입니다.

2단계 읽기 모델 탐색기

누군가가 뭔가를 즐겁게 하고 있는 모습을 보면 관심이 생기기 마련입니다. 독서도 마찬가지인데요. 얼마나 재미있기에 저렇게 빠져드는지 궁금해집니다. 제가 초등학교 저학년이었을 때 고학년이던 저희 언니는 그림 하나 없고 글자만 빼곡한 문학 전집을 탐독했습니다. 그림책을 보던 저는 그 모습이 마냥 신기했습니다. 아빠가 어디선가 가져온 문학 전집이었는데 언니가 낮이고 밤이고 읽는 걸 보면서 저도 모르게 그렇게 재미있냐고 묻고는 했던 기억이 선명합니다.

곁에 있는 읽기 모델이 책에 푹 빠져 있는 모습, 그리고 단순히 재미를 넘어서 읽기를 통해 삶의 문제를 해결하거나 큰 가치를 찾아가는 모습까지 보게 된다면 관심이 더욱 커집니다. 읽기가 단순히 재미를 넘어 삶에 유익이 된다는 것을 자연스럽게 배울 수 있는 단계이기도 하며 때로는 선망하게 되기도 하지요. 전문가들이 아이들 앞에서 읽는 척이라도 하라고 조언하는 이유도 바로 그런 맥락일 것입니다.

이 단계에서 어른의 역할은 말 그대로 읽기 모델이 되는 것입니다.

생활 속 읽기를 실천하는 모습부터 더 나아가 책을 탐독하는 모습까지 보여주는 것인데요. 일상 속에는 글을 읽고 해결해야 하는 일이 생각보다 많습니다. 전자 제품을 구입한 후 설명서를 읽는다거나, 아파트 게시판의 글을 읽는 일, 고지서나 안내문을 읽어야 하는 일 등 찾아보면 꽤 많습니다. 여행지에 가서 팸플릿을 읽는 것도 포함이 되겠지요.

그럴 때 글을 일부러 소리 내어 읽어보기도 하고, 읽으면서 문제를 해결하는 과정을 의도적으로 보여주세요. 별것 아닌 종이 한 장도 일부러 꼼꼼히 읽다 보면 좋은 읽기 모델의 모습이 될 뿐 아니라 실제로 삶에 이득이 되기도 합니다. 읽기가 삶에 유익하다는 것을 어린이가 직접 경험해야 읽기의 세계로 들어갈 수 있다는 점을 생각하면 한번 해볼 만하겠지요? 아이 수준에 맞는 글은 직접 읽게 함으로써 스스로 읽기로 삶의 문제를 해결하는 과정을 겪어보게 해주세요.

3단계 반복
독서기

3단계는 반복 독서기입니다. 노출을 통해 책에 대한 호기심을 자극 했다면 적어도 한두 권 정도는 펼쳐보며 독서를 시작했을 가능성이 높 습니다. 호기심을 자극하는 책이 눈앞에 있다면, 그리고 그걸 펼칠 시간 이 있다면 들추어보기라도 할 것입니다. 그렇게 접한 책 덕분에 때로는 몰입을 경험하기도 하는데요. 읽는 책이 늘어나다 보면 자연스럽게 한 번쯤 하게 되는 경험입니다.

몰입했다는 것은 책의 서사에 빠져들었다는 것을 뜻합니다. 자신도 모르는 사이 온 마음과 정신을 빼앗긴 채 읽은 책은 인생 책이 될 가능 성이 높습니다. 인생 책은 자연스럽게 반복해서 보게 되는데 이 시기가 반복 독서기입니다. 그 이야기를 다시 감상하고 싶은 마음, 몰입했을 때 의 충만감을 다시 느끼고 싶은 마음이 자연스럽게 책을 반복해서 보게 하는 것이지요.

저는 중학교 시절, 집 한편에 있던 어른 소설 한 권을 우연히 읽은 적 이 있습니다. 한 사람의 아픈 사랑을 그린 실화 소설이었는데 작품의 울림이 너무 커서 30번도 더 반복해서 읽고 또 읽었습니다. 2권이 나오기를 애타게 기다려 2권까지 읽고 또 읽었더니 어느새 문장 하나, 대사 하나까지 외울 정도가 되었습니다. 그렇게 제 마음속에서 맴돌던 문장은 글이 되고 싶어 했고, 자연스럽게 글도 쓰게 되었습니다. 저는 지금도 저를 책의 세계로 이끈 그 책과 책을 품에 안고 살았던 시간을 잊지 못합니다.

인생 책을 만난 경험은 책에 대한 갈망을 유지하게 도와줍니다. 저는 이 갈망이 결국 한 사람을 평생 독자로 이끈다고 생각합니다. 책 안에 들어 있는 세계를 깊이 경험하고, 또다시 그런 경험을 하고 싶은 마음. 이러한 마음을 간직한 사람은 한때 책을 놓을지라도 언젠가는 다시 책으로 돌아갈 수 있습니다.

이 시기에는 한 가지만 주의하시길 부탁드리고 싶습니다. 어린이에게 반복적으로 읽고 있는 책을 그만 읽고 다른 책을 읽으라고 권유하거나 강요하지 않는 것입니다. 많은 분이 새로운 책을 읽어야 다양한 내용을 받아들인다고 생각해서 아이가 같은 책만 읽고 있으면 불안해하곤 합니다. 읽기는 교감입니다. 좋아하는 사람과 자꾸 만나고 싶듯, 자꾸 만나도 새로운 가치와 의미를 만들어내듯, 같은 책을 계속 읽어도 늘 새롭기에 다시 읽는 것입니다. 그러니 책과 교감하는 시간을 인정하고 따뜻하게 지켜봐주세요.

4단계 몰입 독서기

인생 책을 만나 반복 독서를 경험한 독자는 어느 순간부터는 다른 책을 찾아 나섭니다. 사람은 나이와 상관없이 시간이 흐르면서 환경의 변화는 물론 그로 인한 정서적 성장을 겪기 때문에 한 시기에 만난 인생 책만 평생 보지는 않습니다. 다만 그 책을 만났을 때의 충만함을 잊지 않기 위해 다시금 그런 마음을 느끼게 해줄 다음 책을 찾게 되는데요. 이 과정에서 수많은 책을 스쳐가듯 읽다가 또 다시 몰입해서 읽을 책을 만나게 됩니다. 이 시기가 몰입 독서기입니다.

읽기는 뇌를 사용하는 매우 피곤한 행위이므로 나에게 어느 정도 감흥을 줄지 모르는 책을 처음부터 온 힘을 다해 정독하는 사람은 별로 없습니다. 재미가 보장되거나, 재미있을 거라고 믿는 경우, 좋아하는 작가의 책이라서 읽기도 전에 이미 호감도가 높은 경우에는 정독하겠지만 보통은 쭈욱 훑어보는 식으로 책장을 넘기게 됩니다. 그렇게 반신반의하며 50프로 정도의 에너지만 들여 읽다가, 진행되는 이야기가 재미있어서 자신에게 만족을 줄 것이라는 판단이 들면 그때부터 몰입해서 읽는 것입니다.

이야기에 몰입한다는 것은 책에 온전히 자기 자신을 맡기는 일과도 같습니다. 뇌로는 글을 이해하기 위해 애써야 하며, 인물의 상황에 몰입하면서 자신의 감정을 이입해야 합니다. 이야기 흐름을 놓치지 않기 위해 집중하고, 집중을 유지하기 위한 자세를 적절히 취하고, 장면장면마다 앞에서 읽은 내용을 토대로 자신의 생각을 새롭게 구성해가는 과정이 독서입니다. 이렇듯 온몸과 마음을 집중해야 하는 것이 독서이기 때문에 책을 한 권 읽고 나면 갑자기 피로감이 몰려들기도 합니다.

어린이들이 책을 읽으며 뭔가 먹고 싶어 하거나 혹은 다 읽고 나서 갑자기 배가 고프다고 했던 경험이 있으신가요? 그만큼 온몸과 정신을 책에 맡겼기 때문에 일어날 수 있는 현상입니다. 부모님이 우리 아이가 책을 제대로 읽고 있는지 궁금하다고 하실 때마다 저는 책을 다 읽고 난 후 배고프다고 한다면 잘 읽은 것이라고 말씀드립니다. 우스갯소리 같지만 몰입을 경험한 후 허기가 지는 것은 매우 자연스러운 현상이기 때문에 사실이기도 합니다.

몰입의 경험을 통해 우리가 정말 원하는 문해력이 자랍니다. 스스로 읽고 이해하고 집중하기 위한 노력을 반복하면 글을 이해하는 자기만의 읽기 힘이 생깁니다. 이 힘은 몸의 힘이기도 하고 생각의 힘이기도 합니다. 이때부터는 한 권을 반복해서 읽는 것이 아닌 '책을 읽는 행위'를 반복하게 되는데요. 아시다시피 반복해서 꾸준히 책을 읽는 사람을 독자라고 하지요. 비로소 독자의 길에 깊이 들어서게 되는 것입니다.

한때 인생 책도 만나고 제법 책을 좋아했으나 결국 독서를 중단한 어린이나 청소년을 보면 이 시기를 경험하지 못한 경우가 많습니다. 수도 없이 반복해서 읽은 책을 놓을 즈음, 그 책만큼 강렬한 책을 만나지 못해 결국 흐지부지되는 것이지요. 그래서 중요한 것이 부모님의 역할입니다. 몰입해서 읽을 만한 책을 꾸준히 찾아 권해줘야 합니다. 다양한 책을 접해야 이것저것 들추어보면서 다시금 몰입해서 읽을 책을 만나게 되는데, 어떤 목적에 의해 구비해둔 책만 권유한다면 그 경험을 다시 하기 어렵습니다.

책 읽기에 대해 전문가들의 다양한 의견이 있는데요. 저는 어릴 때부터 많은 책을 권해야 한다고 생각합니다. 그 책을 다 읽게 하기 위해서가 아니라, 몰입 독서의 세계로 빠지게 할 책을 만날 기회를 넓혀주기 위해서입니다. 여러 가지 책을 접하다 보면 다시 푹 빠져서 읽을 수 있는 책을 고를 확률도 높아지겠지요.

5단계 적극적 독서기

　몰입 독서기를 거치면 우리가 흔히 말하는 독서 습관이 잡혔다고 봐도 무방합니다. 사실 독서는 습관이 아니라 중독의 영역이지만, 중독이 이끌림에 의해 무언가를 틈나는 대로 하는 것이기에 독서를 틈틈이 한다면 그것도 습관이라 볼 수는 있습니다.

　같은 일을 매일 하면 그 일에 맞는 몸이 만들어지듯 읽기를 반복하면 몸과 마음이 읽기에 적합한 상태가 됩니다. 자기만의 읽기 장소를 찾아 자기만의 편한 자세로 자신이 고른 책을 읽는 일이 매우 자연스러워지는 것입니다. 이때부터는 적극적 독서기로 들어서는데, 책을 읽는 일 외에 고르고 정리하는 일, 읽고 있는 책과 이어서 읽을 만한 책을 찾는 일을 스스로 하는 단계입니다. 앞서 이야기한 독자의 삶이 만들어지는 것이지요.

　이 시기에는 집에 있는 책 외에 새로운 책을 찾아 나서려고 할 것입니다. 부모님이 도와주셔야 할 일은 책을 찾고 구하는 다양한 방법을 알려주고 함께 찾는 것입니다. 온라인 구매부터 중고 서점에 찾아가서 구매하기, 도서관에서 빌리기, 대형 서점에 나가 살펴보기 등 책을 찾는 다양한 방법과 경로를 가르쳐주셔야 합니다.

독자로서의 책임감도 길러줄 필요가 있습니다. 그 방법 중 한 가지가 아이가 읽을 책은 한 권이라도 아이가 들고 다니게 하는 것입니다. 독서는 타인의 수고로 누리는 유익이 되어서는 안 됩니다. 자신이 읽을 책을 스스로 챙기는 경험도 해야 책에 대한 책임감을 배울 수 있습니다. 또 부모님 혼자 매일 도서관을 드나들며 무거운 책을 빌려오고 반납하는 일이 반복되면, 반드시 보상 심리가 생기게 되어 있습니다. 어린이 스스로 한 권이라도 들고 오는 경험을 해봐야 조금 더 신중히 책을 고르고 독자로서 책임감과 주체성을 키울 수 있습니다. 연령에 맞게 들 수 있는 만큼은 아이가 들게 해주세요.

독자로서 책임감을 갖도록 하는 또 한가지 방법은 고학년의 경우 책 용돈을 주는 것입니다. 매월 정해진 용돈 안에서 도서를 구입하면 아이들은 더 고민해서 책을 고를 것이고 그 과정에서 책을 보는 눈도 생깁니다. 어른들이 골라주기만 하면 수동적 독서를 하게 될 뿐 아니라, 그것이 결국 책에서 멀어지는 하나의 이유가 됩니다. 자신의 용돈으로 책을 사면서 가끔 잘못 사기도 하고 어떤 경로로 구매해야 하는지 고민도 해보면서 어린이는 성숙한 독자로 자랍니다.

이 단계에서는 책을 손에서 놓지 않기 위해 스스로 시간 조절도 합니다. 2년마다 시행하는 국민독서실태조사 결과를 보면 책을 읽지 않는 이유로 많은 어린이들이 드는 이유는 늘 '시간이 없어서'입니다. 그러나 저는 이것이 표면적인 답변일 뿐 실제 이유는 아니라고 생각합니다. 책의 진짜 재미를 모르기 때문에 읽지 않는 것이고 그래서 시간이 없다고 답하는 것뿐입니다. 성인도 시간이 없어서 독서를 못한다고 답하곤 하는데 실제 시간이 없어서라기보다 그 가치와 힘을 모르기 때문인 경우가 많습니다. 적극적 독서기인 이 시기에는 책을 읽고 싶어 숙제를 최대한 빨리 한다거나, 가끔은 친구와의 놀이를 포기하는 등 스스로 조율해서 책을 읽기도 합니다. 남는 시간에 독서를 하는 것이 아니라 독서 시간 확보를 위해 일정을 조율하는 것이지요.

어린이 스스로 시간 확보를 못 한다면 어른이 읽을 시간을 확보해 주어야 합니다. 아무리 독서의 재미를 알고 읽고자 하는 의지가 강한 어린이라고 해도 당장 해야 할 일이 지나치게 많고 그걸 하지 않았을 때 학원과 학교 생활을 할 수 없다면 결국 손에서 책을 놓게 됩니다. 어린이들은 늘 독서에서 약자일 수 밖에 없다고 저는 자주 이야기하는데요. 아무래도 부모님의 주도 하에 어린이의 스케줄이 정해지는 경우가 아직은 많기 때문입니다. 이를 기억하고 적극적 독서가 유지되기 위한 가장 기초인 시간 확보에 힘써주세요.

6단계 사회적 독자기

《저 책은 절대 읽으면 안 돼!》에서 엄마의 작전이었던 "저 책은 절대 읽으면 안 돼!"라는 말은 준이를 책으로 이끈 중요한 말입니다. 이 말을 계기로 준이는 독자가 되었고 한때 자신처럼 책을 읽지 않는 친구 유민이 책상에《랜선 친구》라는 책을 올려두고는 이렇게 말하지요.

"저 책은 절대 읽으면 안 돼!"

그저 재미있게 읽고 넘어가기 쉽지만 이 부분은 많은 시사점을 제공합니다. 준이가 바로 완전한 독자가 되는 장면이기 때문입니다. 완전한 독자란 무엇일까요? 책 읽기가 자신에게 주는 유익을 온몸으로 체험하였기에 책의 힘을 타인에게도 전달하고 싶어 하는 사람, 저는 이것이 완전한 독자라고 생각합니다.

읽기는 지극히 개인적인 일입니다. 읽을 때만큼은 누구도 관여할 수 없고, 관여해서도 안 됩니다. 너무나 내밀한 행위이기 때문에 홀로 섬을 거니는 것 같은 외로움을 느끼기도 합니다. 하지만 한편으로는 이 사회를 만들어가는 일이기도 합니다. 책을 읽고 변화한 개개인이 모여 사회를 구성할 뿐 아니라 움직이고 있기 때문이지요. 그리고 책을 읽는 사람들은 그 힘을 알기 때문에 어떻게든 다른 사람에게도 전하기 위해 애씁니다. 읽는 힘이 얼마나 대단한지, 읽는 사람들이 세상을 어떻게 바꾸는지 아니까요.

그런 의미에서 준이가 친구 유민이를 책의 세계로 끌어들이기 위해 엄마가 자신에게 했던 방법을 그대로 실천했다는 것은 큰 의미가 있습니다. 이렇게 독서의 힘을 타인과 함께 누리고 싶어 하는 시기를 사회적 독자기라고 합니다. 사람은 어떤 형태로든 서로 영향을 주고받으며 살게 되어 있습니다. 책의 힘을 타인에게 전하고 싶어 하는 것은 이런 사람 간의 관계를 이해하고 사람의 힘을 믿는다는 것이기에 성숙한 독자가 되었다고 생각해도 좋습니다.

이 시기에 부모님이 할 일은 가족 독서나 토론 혹은 독서 동아리 모임에 참여하게 도와주는 것입니다. 읽기는 혼자 하는 일이지만 읽은 내용을 나누었을 때 의미가 더 선명해지고 확장됩니다. 열 권을 혼자 읽는 것보다 한 권을 열 명이 나누는 것이 더 좋다는 말처럼 다양한 견해의 만남이 주는 힘은 참으로 놀랍거든요.

주 1회가 부담스럽다면 월 1회라도 가족 독서 시간을 마련해 서로 읽은 책을 나누거나 권하는 짧은 추천글을 써보게 하세요. 책 표지에 메모처럼 써서 전달식을 하는 것도 좋고, 칠판을 하나 마련하여 각자 읽은 책에 대해 간단히 메모해두고 오가며 보게 하는 것도 좋습니다.

가족과의 책 대화가 여의치 않다면 또래 독서 동아리를 찾아 친구들과 나누게 해주세요. 책 이야기만큼 유익하고 즐거운 대화도 없습니다.

나만의 견해에 매몰되지 않고 다양한 사고를 경험해보는 일은 자신의 견해를 만드는 일만큼이나 초등 어린이에게 중요합니다. 이런 과정을 통해 책이 사회적으로 갖는 의미를 어린이들이 자연스럽게 깨닫게 되고, 건강한 사회인으로 성장할 준비도 하게 되는 것입니다.

지금까지 어린이가 독자가 되는 과정을 6단계로 말씀드렸습니다. 제가 강연할 때마다 드리는 말씀이 있습니다. 한 사람을 독자로 만드는 일은 외국어를 하나 습득하는 일, 한 가지 운동을 잘하게 훈련시키는 일만큼이나 어렵고 지난한 과정이라고 말입니다. 무엇보다 그 사람에 대한 애정과 그 사람의 삶에 대한 염려가 없다면 이런 노력을 지속하기가 쉽지 않다고 말이지요.

어린이를 독자로 키우는 일의 가장 큰 책임은 국가에 있다고 생각합니다. 그러나 어린이가 책을 가장 먼저 만나는 곳인 가정은 그 출발점이 되어야 할 곳입니다. 어린이와 함께 독자가 되기로 결심한다면 무척 설레고 행복한 여정이 될 것입니다. 어린이들을 독자로 이끄는 단계를 함께 느끼며 어린이도, 부모님도 행복한 독자가 되었으면 좋겠습니다.

2장

문해 환경 만들기
6단계 로드맵

문해 환경

| 1 | 책 읽기 애정도 테스트 | 2 | 부모독서 가치관 점검 | 3 | 자기 책장 만들기 |
| 4 | 읽을 거리 찾기 | 5 | 책 고르는 법 익히기 | 6 | 가족 독서의 시작 |

가족 독서 환경 만들기

한 어린이가 성숙하고도 완전한 독자가 되는 과정을 보면서 어떤 생각이 드셨나요? 제가 말씀드리지 않아도 느끼셨으리라 생각하는데요. 독자, 즉 읽는 사람으로 살아가기 위해서는 적절한 환경이 뒷받침되어야 합니다. 사람의 의지는 생각보다 약하고 오히려 환경이 많은 부분을 좌우한다고 합니다. 특히 어린이는 보호를 받는 입장이기 때문에 어느 정도는 어른이 조성한 환경 속에서 살아가야 합니다. 그래서 독자를 키우기 위한 환경을 만들어주는 일에 대한 어른들의 의식과 참여가 절실합니다.

어린이들이 머무는 곳인 학교, 도서관 등 여러 곳에서 독서 문화를 만들기 위해 노력하는데요. 이 책은 부모님을 위한 책이므로 '가족 독서 환경'을 만들기 위한 방법을 단계별로 알려드리고자 합니다.

1단계 책 읽기
애정도 테스트

평생 책을 읽는 사람의 특징은 무엇일까요? 그건 바로 책에 대한 긍정적 정서를 유지하고 있다는 것입니다. 책이 재미있고 즐거움을 주며 자신에게 의미가 있을 뿐 아니라 책 읽기를 통해서만 얻는 행복이 있다는 것을 스스로 아는 것인데, 학술 용어로는 독서 태도라고 합니다. 독서 태도가 좋아야 평생 독자로 성장할 수 있다는 것은 이미 여러 연구에서 증명되었습니다.

그런데 실제 여러 현장에서는 독서 태도의 중요성이 많이 간과되고 있습니다. 읽기의 기능적 측면만을 고려해 잘 읽고 잘 이해하는 것에만 초점을 맞춘 우리 사회의 독서 교육 분위기 때문입니다. 읽기 기능도 물론 중요합니다. 어린이, 청소년, 어른을 막론하고 안 읽는 사람들의 대표적인 이유 두 가지가 첫째는 '읽기'라는 기능이 미숙해서이고 둘째는 '독서 태도'가 낮기 때문이거든요. 결국 읽기 기능 발달도 도와주어야 하고 긍정적인 독서 태도 형성도 도와주어야 하기에 두 가지는 맞물려 있습니다. 그럼에도 불구하고 제가 이 책의 1장에서 독서 태도를 더 강조한 이유가 있습니다.

저는 23년째 어린이들을 만나 '책'과 이어주는 일, 나아가 책을 잘 읽고 이해하는 능숙한 독자로 키우는 일을 하고 있습니다. 다독가는 아니었으나 책에 대해 긍정적 정서를 가지고 사는 독자였기에 처음에는 조금 환상적인 생각으로 접근했던 것 같기도 합니다. 어린이는 이미 책을 좋아할 것이며 저는 거기에 더해 기능적인 부분의 발달을 도와주면 될 거라는 생각이었습니다.

그런데 한 아이 한 아이 만나면서 생각보다 많은 어린이가 3, 4학년도 되기 전에 책에 대한 부정적 감정을 많이 지니고 있다는 사실을 알게 되었습니다. 책은 재미없고 지루한 것, 따분한 것이라는 생각을 넘어서 책이라는 단어만 들어도 싫다는 어린이도 꽤 많고요. 책 읽기에 대한 심리적인 압박을 가진 어린이를 지금도 많이 만납니다.

그 이유를 찾고자 책에 대한 이야기를 많이 나눠봤는데요. 원인은 대체로 어릴 때부터 주어진 많은 도서들, 책을 무조건 정독해야 한다는 압박, 책의 재미를 느끼기 전에 수도 없이 듣게 되는 책 읽기의 중요성에 대한 말들, 읽기에 대해 제대로 배우지도 못한 채 스스로 읽어야 한다는 말을 들으며 생긴 부담감, 시기와 상황에 맞지 않는 과도한 독서 활동 등이 책에 대한 부정적 정서를 강화했습니다.

안타까운 사실은 읽기라는 기능이 능숙하여, 책을 읽고 이해하는 능력이 뛰어난 어린이도 독서 태도가 좋지 않은 경우가 많으며, 그런 경우 독서가 아닌 다른 선택지가 있을 때 쉽게 책을 포기하고 다른 활동을 선택한다는 사실입니다. 결국 읽기 기능이 미숙하든 뛰어나든 책에 대한 부정적 정서가 자리 잡힌 경우에는 시기의 차이일 뿐 결국 책을 손에서 놓게 된다는 결과가 나타나는 것이지요. 빠르면 초등 3, 4학년이고 보통은 6학년에서 중학교 1학년 사이에 책과 멀어집니다.

이는 연구 결과를 굳이 언급하지 않더라도 우리 주변에서 흔히 볼 수 있는 모습입니다. 저 또한 어린이들을 만날 때마다 새롭게 깨닫곤 합니다. 그래서 해가 지날수록 독서 교사라는 저의 역할에 대해 막중한 책임감을 느끼며, 독서 태도부터 파악하여 도움을 주고자 합니다.

다음 페이지의 활동지를 통해 아이의 독서 태도가 긍정적인지 확인해보세요. 혹시라도 활동지가 딱딱하게 느껴지지 않도록 독서 태도라는 학술적 용어가 아닌 '책 읽기 애정도 테스트'라고 이름을 붙였습니다. 각 문항에 체크한 뒤 하단의 결과를 살펴보세요. 만약 책과 친하지 않은 것으로 나왔다면 가장 먼저 할 일은 책과 친해지게 하는 것, 즉 잘 읽기 전에 책에 대한 좋은 태도를 형성하게 도와주는 것입니다. 독서에 대한 정서만 긍정적으로 자리 잡혀도 읽기 기능은 많은 부분이 해결됩니다. 다시 말하면 책을 즐기는 사람은 적극적으로 찾아 읽게 되고 찾아 읽는 사람은 결국 읽기라는 행위를 지속하기 때문에 그 과정에서 문해력은 어느 정도 발달한다는 것입니다. 이 기본 전제가 무시된 채로는 어린이를 읽는 사람으로 키울 수 없습니다.

독서 교육 현장에서 이미 책에 대한 부정적 정서를 가진 어린이들을 수도 없이 만나며 그 아이들이 다시 책에 다가서게 하는 일이 얼마나 어려운지를 매일 온몸으로 느끼고 있기에 어느 강연에서든 저는 독서 태도에 대한 이야기를 빼놓지 않습니다. 지금까지 쓴 내용처럼 길게 설명

나의 책 애정도를 알아볼까요?

여러분은 책을 얼마나 좋아하나요? 다음 질문에 답하면서 나의 책 읽기에 대해 생각해보세요. 책과 친하지 않다고 나와도 괜찮아요. 이제부터 좋아하면 되니까요.

	질문	O. X
1	잠시 시간이 생기면 책이 읽고 싶다.	
2	궁금한 게 생기면 책에서 찾아봐야겠다는 생각이 든다.	
3	용돈이 생기면 책을 구입하고 싶거나 실제 구입한다.	
4	내 인생 최고의 책이 있다.	
5	좋아하는(만나고 싶은) 작가가 있다.	
6	좋아하는 책 속 캐릭터가 있다.	
7	책이 잘 읽히는 나만의 장소가 있다.	
8	책에 대한 대화를 나누는 친구가 있다.	
9	정말 마음에 드는 책을 읽으면 누군가에게 추천하거나 소개한다.	
10	책을 읽으면서 행복하다는 생각을 해본 적이 있다.	
11	도서관이나 서점에 가는 일이 즐겁다.	
12	하루 종일 책만 읽으면 좋겠다고 생각한 적이 있다.	
13	주변이 시끄럽고 어수선해도 책을 읽을 때가 있다.	
14	여행 가거나 멀리 외출할 때 책을 챙겨서 나가는 편이다.	
15	다 읽지 못해도 책을 빌리거나 사는 일이 좋다.	

- 10개 이상   책 읽기를 정말 사랑하는 어린이입니다. 앞으로도 책이 소중한 친구이길 바라요.
- 5~9개   책과 조금은 친한 편이군요? 손에서 놓지 않는다면 더 친한 친구가 될 수 있을 거예요.
- 0~4개   책과 아직 친하지 않은 친구네요. 괜찮아요. 친해지고 싶은 친구에게 다가서듯이 천천히 다가 가다 보면 어느새 책과 친해져 있을 거예요.

드리기도 하고 가끔은 '책이 중요하다는 말'만 자제해달라고 간단히 부탁드리기도 합니다.

앞서 읽기는 교감이라고 말씀드렸지요. 사람과 사람이 만날 때 상대가 나에게 단지 '중요해서' 만난다면 그 만남은 진실될 수 없습니다. 더 중요한 사람이 나타나면 관계는 끊어지겠지요. 끊어지지 않는 관계는 서로가 서로에게 소중한 관계입니다. 책도 마찬가지입니다. 읽기의 본질을 훼손하는 대표적인 말이 "책 읽기가 중요하다"는 말임을 기억하고 이 말만 자제해도 최소한 아이가 책을 싫어하게 되지는 않을 거라 확신합니다.

2단계 부모 독서
가치관 점검

　어린이를 독자로 키우기 위한 기본이 긍정적인 독서 태도를 형성하게 도와주는 일이라면 책과 독서 교육에 대한 부모님의 생각을 알아보지 않을 수 없겠지요. 책에 대한 부모님의 생각은 어쩔 수 없이 어린이의 독서에 영향을 미치기 때문입니다. 우선 한 가지 말씀드리고 싶은 것은, 부모님에게 많은 책임과 짐을 드리기 위해서 하는 것이 아니라는 점입니다. 어린이들을 독자로 성장시키는 데 있어서 중요한 장소가 가정이기에 함께 살펴보고자 하는 것입니다.

　오른쪽 표의 열 가지 질문에 가볍게 답한 후 하단의 내용을 읽어보세요. 대략 짐작이 되시겠지만 그래도 이해를 돕기 위하여 서식과 관련된 내용을 자세히 설명하고자 합니다.

　앞서 이야기한 대로, 어린이의 부정적 독서 태도 형성에 영향을 미치는 요소 중 하나는 스스로 '독서의 목적'을 알아가기도 전에 외부에서 주입되는 수많은 가치입니다. '책 읽기는 중요한 거야'부터 시작해서 '책을 읽어야 국어를 잘한다', '책 읽기가 기본이다', '책 못 읽으면 공부

부모님의 독서 생각, 궁금해요!

우리 집 아이의 독서를 도와주기 위한 질문입니다. 가벼운 마음으로 답하신 후 하단의 내용을 읽어보세요.

	질문	답변
1	독서에 대해 자녀에게 자주 하는 말이 있다면 무엇인가요?	
2	자녀가 책을 읽기 바란다면, 그 이유는 무엇인가요?	
3	독서 교육 정보나 책 정보는 주로 어디에서 얻으시나요?	
4	집에 있는 책 중 1년 이상 읽지 않는 책의 비율은 어느 정도인가요?	
5	1년 이상 보지 않은 책을 처분하지 않는다면 그 까닭은 무엇인가요?	
6	바람직한 독자의 모습은 무엇이라고 생각하는지 써주세요.	
7	'독서 지도' 혹은 '독서 교육'이 무엇이라고 생각하시나요?	
8	자녀가 책을 좋아하든 좋아하지 않든 이유라고 생각되는 것을 써주세요.	
9	자녀가 읽는 책은 주로 누가 선택하나요?	
10	독서 지도에 있어 어려운 부분을 써주세요.	

• 독서 교육보다 앞서야 할 것은 독자 교육입니다. 독자는 자신이 읽을 책을 스스로 고를 줄 알며 책을 읽는 시간이나 장소를 스스로 선택합니다. 독서의 목적 또한 스스로 설정하며 상황에 따라 바뀌고는 합니다. 이런 점에 비춰봤을 때 아이가 독자로 성장하는 데 방해가 되는 점이 있다면 무엇인지 위 답변을 토대로 점검해보는 시간이 되시기를 바랍니다.

못한다', '책 읽어야 대학갈 수 있다', '책 읽어야 이해력이 좋아진다' 등의 결과 중심적인 이야기들 말이지요.

독서는 궁극적으로 문해력을 성장시키므로 모두 맞는 말일 수 있습니다. 다만 중요한 것은 이런 말을 자주, 많이 들을수록 독자로 성장하는 데 있어 가장 기본이 되는 자신의 독서 목적을 찾기 어려워진다는 것입니다. 잘 생각해보세요. 타인이 주입한 목적에 의해 무언가를 지속적으로 하는 일이 가능한가요? 저는 오히려 책을 싫어하는 어린이가 문제라기보다 책을 좋아하는 어린이가 이런 말을 들으면서도 *꿋꿋하게* 자기만의 독서를 이어가는 것이 기적이라고 생각합니다. 독서의 목적은 독자 스스로 찾아가는 것입니다. 그래야 때에 맞게 자신의 읽기 목적에 따라 독서를 하고 그것이 곧 읽기 능력 성장으로 이어진다는 것을 잊지 마세요. 독서의 결과론적 효용에 대한 이야기는 어른들끼리만 나누어도 충분합니다.

부모님들에게 어린이가 독서하길 바라는 이유를 물어보면 매우 다양한 답변을 들을 수 있습니다. 크게 두 가지로 나누면 공부와 성적 향상을 위해 읽기를 바란다는 답변과 책을 벗삼아 지혜로운 사람으로 자라기를 바란다는 답변으로 나뉩니다. 둘 중 어느 것이 더 바람직하다고 생각하시나요? 정답은 없습니다. 두 가지 모두 어른의 바람일 뿐이기 때문이지요.

어떤 모습으로 성장할지는 책을 손에 들고 있는 독자 자신도 모릅니다. 독서의 목적은 자신만이 알고 있으며 책이 좋아서 읽다 보면 때때로 달라집니다. 어느 때는 시간을 때우기 위해 읽기도 하고, 어느 때는 숙제를 위해 읽기도 합니다. 좋아하는 친구가 권해서 읽기도 하고, 좋아하는 작가의 신작이라 읽기도 합니다. 궁금한 것이 있어서, 스스로 읽기가 필요하다고 느껴서 읽기도 합니다. 자신의 글 이해력이 부족하다고 판단되어 읽기도 합니다. 목적에 따라 읽는 방법이나 장소, 읽는 모습도 달라지겠지요. 누구도 독자의 독서 목적을 정해줄 수 없다는 이야기입니다. 40년 넘게 책을 읽고 있는 저 또한 여전히 독서의 목적은 그때그때 바뀝니다. 중요한 사실은 제가 독서를 주체적으로 이끌어가고 있기에 목적도 설정할 수 있다는 것입니다.

사실 부모님들이 독서 교육의 목적에 대해 하는 말씀은 가만 들어보면 수많은 교육 전문가가 하는 이야기에 의해 갖게 된 생각인 경우가 많습니다. 지금은 누구나 스스로 전문가라 부르며 개인의 영향력을 발휘할 수 있는 시대이다 보니 확인되지 않은 정보가 넘쳐납니다. 결국 부모님이 정보 자체를 비판적으로 보는 것이 중요합니다. 더 나아가 교육 정보 습득보다 부모님의 독서 교육 가치관을 확립하는 것이 더 시급한 문제입니다.

3단계 자신의 세계가 만들어지는 곳, 책장 만들기

어릴 때 저의 삶은 결핍으로 가득했습니다. 부모님으로부터 받아야 할 사랑과 애정부터, 기본적인 의식주에 대한 결핍이 내내 이어졌고, 그로 인한 불안이 삶을 휘감았습니다. 그런 저에게 책은 한 줄기 희망처럼 다가왔고, 읽기의 힘으로 마음에 난 구멍을 조금씩 메우며 살아왔습니다. 삶을 이어오면서 한 가지 가지고 싶은 것이 있었는데 그건 밥도 빵도 아닌 책장이었습니다.

할아버지댁에 살았던 때, 안방 한편에는 출가한 고모의 작은 탁자가 있었고 거기에는 고모가 보던 책들이 오밀조밀 꽂혀 있었습니다. 크리스천이 아닌 저에게는 낯선 신앙 서적들이었지요. 아무도 없는 시간이면 때때로 거기에 앉아 책을 읽는 척도 하고 실제 읽기도 하면서 책장에 대한 갈망을 키웠던 기억이 선연합니다.

그렇게 어른이 되고, 마흔이 훌쩍 넘어서야 저만의 책상과 책장을 갖게 되었습니다. 어린이들과 함께 읽고 쓸 공간을 꿈꾸며 방문 독서 수업부터 시작해 거의 20년 가까이 일하고 나서야 제 공간을 갖게 되었는데 그게 불과 몇 년 전인 2019년입니다. 공부방을 마련해, 이사하고 꿈꾸는 공간을 그리며 책장과 책상을 주문해 밤새 책을 정리한 후 지친 몸으로 거실 바닥에 앉아 책장을 바라보는데 갑자기 눈물이 쏟아졌습니다. 누군가는 그리 어렵지 않게 얻을 수 있을지 모르지만 저에게는 너무나 간절했던 공간이었으니까요. 한동안 거실 한편에 내 책장이 있다는 사실이 믿기지 않았습니다.

왜 그렇게 평생 책장 하나 갖기를 소망했는지 가끔 생각해봅니다. 의지할 곳 하나 없는 불안한 삶에서 저를 붙잡아준 것은 어디선가 구해 읽었던 책들이었고, 그 책들을 모아둔 공간은 결국 저라는 사람을 지지하는 공간이었던 것입니다. 완전히 무너지지 않도록 나를 지켜준 것들의 공간, 지금의 저라는 사람을 만들어준 공간인 것이지요. 책장은 결국 그 사람의 삶을 보여주는 것이자, 그 사람이 구축해가는 세계를 보여주는 곳입니다.

그래서 제가 놀랐던 것이 바로 20대 초반 방문 독서 수업을 시작하던 시절 보았던 각 가정의 책장이었습니다. 분명히 다른 지역, 다른 아이, 다른 가정인데 가정마다 비슷한 책이 빽빽하게 꽂혀 있었습니다. 대체로 그 무렵 유명했던 책이었고 심지어 언젠가부터는 책을 사면 함께 주는 책장마저 같은 가정이 많았습니다.

이 세상의 모든 사람은 저마다 자기의 우주를 만들어가는 단 하나의 유일한 존재입니다. 그렇다면 그 사람이 만들어가는 책장 역시 세상에 하나뿐이어야 하지 않을까요?

제가 가르쳤던 한 아이의 말이 잊히지 않습니다.

"선생님, 저희 집 거실 책장은 쓰레기장이에요. 제가 좋아하는 책은 하나도 없거든요. 거기 있는 건 절대 안 읽을 거예요."

아이의 말이 안타까웠던 까닭은 책을 제법 좋아하고 잘 읽는 어린이였는데 책에 대한 마음, 즉 독서 정서가 부정적이었기 때문이었습니다. 그 아이와 몇 년 만나며 이야기 나눈 것을 바탕으로 짐작해보면 원치 않는 책으로 채워져가는 책장, 그리고 그 책을 읽으라고 수시로 잔소리를 들었던 경험이 아이에게 책에 대한 부정적인 마음을 갖게 한 것이 아닐까 싶습니다. 다행스럽게도 아이는 침대맡에 좋아하는 책을 모으고 있었습니다. 꿋꿋하게 자기 세계를 만들어가고 또 지키기 위해 노력했던 것이지요.

책장은 단순히 책이라는 물건을 보관하는 장소가 아니라는 점을 말씀드리고 싶어 이야기가 길었습니다. 자신의 세계가 만들어지는 곳, 자기만의 책장 만들기에 대해 구체적으로 설명드리겠습니다.

우선 아이만의 세계가 담긴 책장을 만들기 위해 처음 해야 할 일은, 아이에게 의미 없는 책, 원하지 않는 책, 1년 이상 펼쳐보지 않은 책을 정리하는 일입니다. 온라인으로 가족 독서를 진행하며 부모님들에게 책장 정리에 대해 설문한 적이 있었습니다. 많은 부모님이 1년 이상 보지 않는 책도 왠지 언젠가는 볼 것 같아 처분이 어렵다고 답했습니다. 보지 않는 책이 오래 머물수록 어린이의 마음에서 책은 조금씩 멀어진다는 것을 기억하셨으면 좋겠습니다.

다음 페이지의 양식은 실제 책장을 정리하기 전 우리 집에 있는 책을 필요, 욕구, 정리, 기부 항목으로 나누어 적어보는 것인데요. 사실 책장 정리가 보통 일은 아니기에 이렇게 미리 종이에 적어보면 좋습니다. 정말 필요해서 남겨둘 책, 욕구에 의해 구입했으나 보지 않는 책, 기부하기 어렵고 소장 의미도 없어 정리할 책, 정리해야 하나 버리기에는 아까운 기부할 책으로 나누어 써보세요. 이 과정에서 우리 집 책장과 책에 대해 가족과 많은 대화를 나누게 될 것이고, 그것도 독서 교육의 한 방법이자 정확히 말하면 독자 교육이라는 점을 꼭 기억하세요.

종이에 적은 것을 바탕으로 실제 책장을 정리했다면 이제는 아이만의 책장을 만들 차례입니다. 도서관에 가면 십진분류라는 멋진 분류 체계가 있으나, 그건 다수를 위한 하나의 규칙입니다. 언급했다시피 한 사람의 세계가 담긴 책장은 그 사람만의 기준에 의해 정리할 수 있습니다. 어떻게 정리할지 생각하는 과정 또한 각각의 책이 자신에게 주었던 의미를 생각해볼 수 있어 좋은 독서 교육이 됩니다.

우선은 어린이 스스로 정리법을 고민하게 해주세요. 처음이라 어려워하더라도 자기만의 기준이 정답이라고 말해주고, 자유롭게 기준을 정하도록 이끌어주세요. 다음 페이지의 '나만의 책장 만들기' 부분을 참고해도 좋습니다. 각각의 칸에 이름을 붙여 정리하고 나면 그 책장은 세상에 하나뿐인 최고의 책장이 됩니다. 그리고 '내 인생의 베스트 책' 칸은 꼭 따로 마련하면 좋겠습니다. 어릴 때부터 보았던 책 중 평생 소장하고 싶은 베스트 책을 따로 모아둔다는 것은 자기 삶의 자취를 기록하는 것과 같은 일이기 때문입니다.

우리 집 책장 정리

보지 않는 책을 정리하려고 해요. 보지 않는 책이 오래 책장에 있으면 책에 대한 마음이 점점 더 멀어진답니다. 필요, 욕구, 정리, 기부에 따라 먼저 종이에 적어보고 실제로 정리해봐요. 부모님과 서로 의논하며 더 재미있게 할 수 있어요.

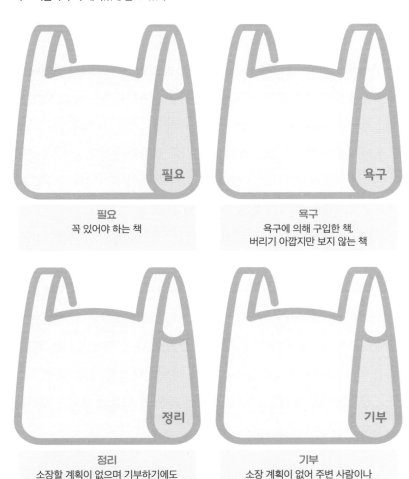

필요
필요
꼭 있어야 하는 책

욕구
욕구
욕구에 의해 구입한 책,
버리기 아깝지만 보지 않는 책

정리
정리
소장할 계획이 없으며 기부하기에도
적절치 않아 버려야 하는 책

기부
기부
소장 계획이 없어 주변 사람이나
단체에 기부할 책

나만의 책장 만들기

나만의 책장을 만들어보세요. 스스로 기준을 정해서 자유롭게 정리해보는 건데요. 각 칸에 어떤 책을 넣을지 써보세요. 베스트 책을 모으는 칸도 따로 마련하면 좋답니다. 종이 위에 계획을 세운 뒤에는 실제로 정리해보아요.

책장 정리 팁	
재미·흥미도에 따라 정리	정말 재미있는 책 / 정말 재미없는 책 / 재미있어 또 읽고 싶은 책 / 지루한 책
나의 마음 상태에 따라 정리	친구가 미워질 때 읽는 책 / 혼자 있고 싶을 때 읽는 책 / 심심할 때 읽는 책 / 행복감을 느끼고 싶을 때 읽는 책 / 부모님에게 혼나고 난 뒤 읽는 책 / 웃고 싶을 때 읽는 책
시리즈, 작가, 출판사에 따라 정리	내가 좋아하는 작가의 책 / 시리즈 책 종류별로 / 출판사별로
나의 관심 분야에 따라 정리	관심 주제의 책 / 관심 주제는 아니지만 좋아하는 책 / 관심 주제이지만 나중에 읽을 책
혼자 읽기·함께 읽기에 따라 정리	나에게 좋았던 책 / 친구들에게 소개하고 싶은 책 / 가족과 함께 읽고 싶은 책

4단계 읽을거리 찾기

　글을 읽는다는 것은 '읽기'라는 기능을 사용하는 일이기 때문에 사실 글을 읽는다는 것 자체가 인지 능력을 필요로 합니다. 그래서 모든 사람이 자연스럽게 글을 읽는 것은 아니며, 읽기를 무척 귀찮아하는 사람도 있습니다. 특히 책은 한 편의 글이 아니라 몇 십 편의 글이 하나의 주제를 가지고 쭈욱 엮여 있는 것이기 때문에 끝까지 읽으려면 단순한 읽기 능력을 넘어서 깊은 사고력이 필요합니다. 생각보다 독서는 많은 이들에게 부담이 될 수밖에 없지요.

　독서 교육을 한다고 하면, 또는 독서한다고 하면 우리는 이렇게 책 한 권을 떠올리거나 책을 많이 읽는 것에 중점을 둡니다. 하지만 독서를 가능하게 하는 것은 '읽기'라는 기능을 획득하는 것이며, '읽기'라는 기능은 꼭 책을 통해 얻는 것이 아니라 우리 주변의 여러 읽기 자료를 필요에 따라 자연스럽게 읽는 과정에서 얻기도 합니다. 평소 생활 속에서 접하는 읽기 자료들, 즉 인쇄물이 읽을 가치가 있다는 것을 아는 것이 읽기의 시작이자 독서의 첫 단추이기도 한 것입니다.

그렇다면 우리 생활 속에서 읽어볼 만한 자료들은 무엇이 있을까요? 글을 읽을 때 가장 중요한 것은 '읽을 만한 수준의 글인가'가 아니라, '읽을 동기가 있는가'라는 것입니다. 이를 염두에 두고 우리 주변의 어떤 자료들이 어린이로 하여금 읽을 마음이 들게 하는지 생각해봐야 합니다. 또 읽기를 유지하기 위한 조건은 읽기라는 행위가 단순히 추상적이고 교양 차원의 일이 아닌 실제 생활에 유익하다는 것을 깨닫는 것인데요. 그럼 어떤 읽기 자료들을 읽었을 때 어린이들의 삶에 도움이 될까요? 우리 주변에서 쉽게 찾을 수 있는 아이의 읽을거리 여섯 가지를 살펴보겠습니다.

길거리의 간판, 메뉴판

한글을 처음 가르칠 때 부모님들은 길가의 간판이나 표지판 등을 보며 아이에게 읽어보라고 합니다. 길거리의 간판, 그리고 가게의 메뉴판 읽기는 사회적 맥락 안에서 행하는 최초의 읽기가 아닐까 싶습니다. 간판을 읽어야 어떤 가게인지 알고 메뉴판을 읽어야 주문을 할 수 있기 때문입니다. 한글을 배우기 시작할 무렵은 물론이고 한글을 모두 익히고 나서도 간판과 메뉴판의 글은 어린이가 직접 읽게 하는 것이 좋습니다. 읽기가 삶의 필수 요소이며 짧은 글이라도 읽기라는 행위를 해야 생활이 가능하다는 것을 알 수 있기 때문입니다.

각종 안내문(도서관 안내문, 행사 안내문 등)

읽기 유창성이 확보되어 조금 더 긴 글을 읽을 수 있게 되면 각종 안내문도 스스로 읽게 해주세요. 도서관 여기저기에 붙어 있는 행사 안내문이나 포스터 중 아이가 관심을 갖는 것은 설명해주는 것보다 직접 읽어보게 하는 것이 좋습니다. 안내문 하나도 정확히 읽으려면 구석구석 꼼꼼히 보아야 합니다. 행사 이름, 일시, 목적, 인원, 장소 등 많은 내용이 들어 있기 때문입니다. 만약 어린이가 참여하려는 행사라면 더욱 직접 읽게 해주세요. 읽기 교육에 있어서는 교수자가 아닌 안내자가 있어야 한다는 말을 흔히 하는데, 이럴 때 어른이 아이가 읽을 수 있도록 유도하는 안내자 역할을 하는 것이지요.

각종 식품 봉지(과자 봉지, 라면 봉지 등)

생활과 매우 밀접하면서 우리가 의외로 많이 놓치는 것이 있습니다. 각종 식품 봉지인데요. 식품 봉지를 유심히 읽어보신 적이 있나요? 어른의 경우 마트에서 물건을 살 때, 영양 정보나 원재료명, 유통 기한 등을 확인하기 위해 살펴보곤 합니다. 중요한 내용이기 때문에 보기는 하지만 사실 적힌 내용을 모두 꼼꼼히 읽는 사람은 많지 않을 것입니다.

어린이 또한 자신이 먹는 과자를 포함한 식품 봉지를 유심히 본 적이 많지는 않을 텐데요. 우리 몸에 들어가는 음식인 만큼 관심을 갖고 봐야 할 중요한 읽기 자료입니다. 아이가 먹을 과자를 선택할 때 꼭 봉지 뒷면을 읽어보게 하세요. 원재료는 어떤 것이 있는지, 알레르기 표시, 유통 기한 및 보관 방법은 무엇인지, 영양소는 어떤 것들이 들어가 있는지, 그리고 주의사항, 마지막으로 봉투에 표시된 재활용 표기를 보고 어떻게 분류·배출해야 하는지까지 읽어보게 하세요.

그렇게 읽고 정보를 얻었다면 당연히 정보를 바탕으로 어떤 행동을 취하게 되겠지요. 식품 봉지의 정보를 읽고 대상을 선택할지 결정하고, 섭취 방법이나 양도 고민합니다. 이 과정은 별것 아닌 것 같지만 읽기의 본질을 그대로 보여준다고 할 수 있습니다.

각종 설명서(조립 설명서, 장난감 설명서, 약 봉투 등)

물건을 사면 보통 설명서가 들어 있습니다. 조립해야 하는 상품이나 장난감, 그 외 전자 제품을 포함하여 약국에서 받아오는 약 봉투, 그리고 앞서 이야기한 식품 봉지 중에서도 '조리하는 법'이 담긴 내용 등이 모두 설명서입니다. 앞의 내용과 이어서 이야기하자면, 라면 봉지 같은 경우 조리법이 순서대로 담겨 있으니 스스로 읽고 조리해보도록 하면 최고의 생활 속 읽기 교육이 될 수 있습니다. 부모님이 곁에서 도와주신다면 저학년도 할 수 있습니다.

사실 요즘은 사용할 장난감이나 조립해야 하는 물건, 전자 제품의 설명서를 잘 보지 않는 사람이 많습니다. 개봉기, 사용기라는 제목으로 유튜브 등에 영상이 많이 공유되고 있기 때문입니다. 그럼에도 불구하고 우선은 설명서를 보고 문제를 해결해보도록 하는 것이 읽기 교육에 도움이 됩니다. 그러고 나서 영상을 보며 설명서 내용과 대조해보는 것도 좋습니다.

약 봉투 역시 부모님이 먼저 파악하고 약을 주기보다는 스스로 읽어보게 하세요. 약 봉투뿐 아니라 약국에서 구입한 약 상자나 겉면에도 약에 대한 정보가 작은 글씨로 빼곡히 담겨 있습니다. 글씨가 잘 안 보이니 읽어달라고 부탁하는 작은 지혜를 발휘해도 좋습니다. 사실 약 봉투에는 '복약', '투약' 등 어려운 용어가 쓰여 있어 어린이가 읽기 어려울 수 있습니다. 저는 개인적으로 이런 전문 용어보다는 누구나 이해하기 쉬운 말을 쓰는 것이 좋다고 생각합니다. 약 봉투뿐 아니라 온통 어려운 용어로 가득한 문서나 서류 등을 주고 무작정 요즘 어린이들 문해력이 문제라고 하는 것은, 읽기 교육에 아무런 도움도 되지 않습니다. 그럼에도 불구하고 당장 일상에서 접하게 되는 글이라면 같이 읽어보면서 낯선 용어에 대한 이야기를 나누어도 좋습니다.

학교에서 나누어주는 유인물

요즘은 학교에서 주는 소식이 대부분 알리미를 통해 모바일로 전달됩니다. 종이 유인물이 왔다면 종이 유인물을, 모바일 안내문으로 왔다면 휴대전화를 함께 보면서 어떤 소식이 왔는지 파악해보고, 자신에게 관련된 것은 스스로 해결하게 해주세요. 작은 준비물부터, 숙제, 그리고 학교 행사와 관련된 내용을 아이가 직접 인지하고 챙기도록 하는 것은 읽기 교육을 넘어서 자기 주도성을 기를 수 있는 매우 중요한 일입니다. 물론 어린이 스스로 해결할 수 없는 일에 대해서는 어른들이 도움을 주어야 하고요.

어린이 잡지(과학 잡지, 독서 잡지 등)

문학이나 비문학류의 단행본 도서가 아니라도 책의 형태로 된 읽을 거리가 우리 주변에 많습니다. 대표적인 것이 어린이 잡지입니다. 과학 관련 잡지 〈어린이 과학 동아〉, 〈어린이 과학 소년〉부터 독서 잡지인 〈독서 평설〉, 시사 잡지인 〈시사 원정대〉, 논술 잡지인 〈위즈키즈〉, 그리고 이야기 잡지 〈개똥이네 놀이터〉까지 읽어볼 만한 어린이 잡지가 많습니다.

표준국어대사전의 풀이에 의하면 잡지는 '일정한 이름을 가지고 호를 거듭하며 정기적으로 간행하는 출판물. 책의 성격에 따라 다양한 내용의 글이 실리며, 간행 주기에 따라 주간·순간·월간·계간으로 나눈다'라고 설명되어 있습니다. 어린이 잡지는 대부분 월간인데요. 자신의 관심사와 맞는 잡지를 구독하면 잡지가 오는 날을 기다릴 수밖에 없을 것입니다. 읽을거리를 기다리는 그 마음은 '읽기'에 대한 긍정적 정서를 만들어주지요.

잡지는 정독하기보다는 자신이 보고 싶은 부분부터 시작해 이리저리 넘겨가며 훑어보는 책입니다. 누가 어떻게 읽으라고 가르쳐주지 않아도 알아서 보고 싶은 부분부터 볼 가능성이 높습니다. 다양한 정보와 상식을 얻을 수 있는 것은 물론 큰 부담 없이 읽기라는 행위를 유지할 수 있는 좋은 매체입니다. 책을 부담스러워하는 어린이라면 더욱 잡지부터 권해주세요. 동기와 즐거움을 가지고 읽는 글을 많이 경험하면서 자연스럽게 긴 호흡으로 읽어내야 하는 책읽기로 확장해가면 좋습니다.

5단계 책 고르는 법 익히기

자신이 읽을 책을 스스로 고르지 못하는데 독자라고 할 수는 없습니다. 초등학교 6년을 지나며 꼭 완성해야 하는 것을 딱 하나만 고르라면 '책 고르기'를 꼽고 싶습니다. 가장 중요한 일이지만 주변의 도움이 필요한 일이기도 합니다.

저는 SNS를 운영하며 여러 독서 교육 정보를 전달하는데요. 저도 독자이기 때문에 읽은 책에 대한 평을 간단히 올리곤 합니다. 아무래도 공개된 곳에 올리는 것이다 보니 부정적 평을 하기가 조심스러워 주로 저에게 좋았던 책만 올립니다. 좋았던 마음을 슬며시 담아 글과 함께 남기며 개인적 소감이라는 말도 덧붙입니다. 그런데 제 글을 보고 이렇게 묻는 분들이 가끔 있습니다.

"이 책 어떤가요?"

이런 질문을 접할 때마다 참 난감합니다. 저 개인에게 좋았던 책이기 때문에 '주관적'으로는 좋다는 말을 남겼음에도 불구하고 재차 어떤지 물어볼 때는 뭐라고 답해야 할까요? 질문하는 분의 독서 취향이나 독서력, 현재 상황을 전혀 모르기 때문에 제가 섣불리 대답할 수는 없습니다. 결국 본인이 판단해야 할 부분이지요. 그래서 조금 애매하긴 하지만 저는 제가 쓴 내용을 다시 언급하며 '저는 …했는데 책을 통해서 느끼는 바나 얻는 것은 사람마다 다르니 판단은 스스로 하셔야 할 것 같다'고 답변하고는 합니다.

어느 날은 이런 질문을 하는 분도 있었습니다.

"구입할까요, 빌릴까요?"

제가 얼마나 난감했을지는 이 책을 읽는 분들도 충분히 느끼실 거라고 생각합니다. 사실 질문하는 분을 비난하거나 질책하려는 의도는 전혀 없습니다. 제가 드리고 싶은 말씀은, 결국 독자의 완성은 '자신이 읽을 책을 스스로 선택하는 것'에 달려 있다는 것입니다. 여기서 말하는 '선택'에는 '실패'도 포함됩니다. 저도 여전히 책 고르는 연습을 하고 있습니다. 내용에 대해 확신하고 구입했는데 다소 실망스럽거나 온라인 정보와 달라 후회하는 경우도 많습니다. 그러나 실패를 거듭해야 독자로 성장하고, 책을 잘못 고르는 일이 줄어든다는 것을 알기에 계속하고 있는 것입니다.

어른 독자도 책을 선택할 때 다른 사람의 의견을 그대로 따르는 사람이 있습니다. 인플루언서처럼 영향력 있는 사람의 강력한 추천이 있어야만 선택하는 경우, 내가 읽는 책이 모두 누군가의 추천에 의한 것인 경우, 서점에 갔을 때 여러 코너를 둘러보아도 고르기 어려워 항상 베스트셀러 코너에서만 구입하는 경우처럼 말이지요. 이런 경우 어른이어도 아직 성숙한 독자라고 보기는 어렵습니다. 그 배경에는 많은 실패를 거쳐서 자신에게 맞는 책을 고르는 과정을 끊임없이 겪어봐야 하는데 그런 과정을 생략하고 단번에 좋은 책을 찾고 싶어 하는 마음도 한몫할 거라고 생각합니다. 이와 같은 유형의 독자는 독서를 유지하지 못하고 늘 겉도는 느낌으로 이 책 저 책 들춰보거나 읽다가 말기를 반복하는 간헐적 독자로 살고 있을 가능성이 많습니다.

그래서 더욱 어릴 때부터 저는 어린이들이 자신이 읽을 책을 자신이 골라보는 연습을 해야 한다는 점을 강조하는데요. 그 방법을 소개하고자 합니다.

도서관에 가서 십진분류로 정돈된 칸마다 한 권씩 책을 빌려본다

제가 어린이들을 보며 가장 마음이 아픈 것은 이 세상에 어떤 책이 있는지 다양한 경험을 하지 못하고 있다는 점입니다. 어린이책은 비문학일수록 어른들이 아이를 교육할 목적으로 만드는 경우가 많습니다. 그래서 그 자체로 이미 독자인 어린이만을 위해 구성되었다고 보기 어렵습니다. 이런 대전제만 보아도 이미 어린이들은 책이라는 매체에 있어 어느 정도 제한된 환경에 있다고 볼 수 있습니다. 그런데 거기에 더해, 출판사의 자본력이나 영향력 등에 의해 또 다시 어른이 고른 책만 읽게 하면 정말 좁은 범위의 책만을 경험할 수밖에 없습니다.

책이 상업적 논리와 상관없이 자기 자리에 옹골차게 꼽혀 있는 곳이 어디일까요? 바로 도서관입니다. 요즘은 어린이 도서관으로만 운영되는 곳도 많고 그렇지 않더라도 종합 도서관의 어린이 도서관도 시설이 잘 갖추어져 있는 편입니다. 도서관을 자유롭게 활용하는 것만으로도 많은 책을 만나볼 수 있습니다. 책장 사이를 오며가며 서가에 꽂힌 책등만 보아도 책의 세계가 얼마나 넓은지 경험해볼 수 있기에 도서관 여행이 책 고르기의 시작이 되는 것입니다.

도서관에 익숙해졌다면 어린이들에게 먼저 십진분류에 대해 알려주세요. 그리고 분류된 칸을 오가며 각 칸에서 한 권씩만 자유롭게 고르게 하세요. 모두 열 권이 되겠지요. 그 책을 집으로 가져와 훑어보며 읽고 싶은 책은 읽고 읽기 싫은 책은 다시 반납하게 합니다. 이 과정에서 다양한 책의 분야를 경험하게 되고, 만약 읽기 싫어 반납했다면 그 이유도 스스로 찾아보며 책 고르는 힘을 조금 더 키울 수 있습니다. 가족 이벤트처럼 가족 모두 참여해도 재미있습니다.

분류번호	주제	내용
000	총류	백과사전, 전집이나 총서, 강연집, 수필집 등
100	철학	마음과 생각에 관한 심리학, 철학 등
200	종교	불교, 기독교, 이슬람교 등 여러 종교
300	사회과학	경제, 정치, 법, 사회 등
400	순수과학	수학, 자연, 날씨, 동물, 식물 등
500	기술과학	농업, 건축, 요리, 우리 몸, 생활과학 등
600	예술	종이접기, 서예, 미술, 음악, 오락 등
700	어학	한국어, 중국어, 일본어 등 여러 나라의 언어
800	문학	동화, 동시, 시, 동요, 일기, 여행기, 수필 등
900	역사	세계 여러 나라의 역사와 위인, 지리 등

저는 어린이 독서 교사이기 때문에 모든 분야의 책을 읽어야 하는 것은 물론이고 잘 알아야 합니다. 그래서 독서 지도를 시작하면서부터 의도적으로 이 방식을 시도했습니다. 전에는 주로 800번대에서만 책을 빌리던 제가 어느새 400번대 과학도 읽게 되고 900번대 역사도 읽게 되었습니다. 그 외 분야도 큰 기대 없이 빌려왔다가 밤새 빠져 읽기도 하고요. 말 그대로 새로운 세계에 눈을 뜨게 되면서 어린이 독서 교사를 넘어 한 사람의 독자로서 독서의 지평이 넓어지는 경험을 했습니다. 물론 독자마다 자기 취향이 있기 때문에 관심 있거나 끌리는 대로 독서합니다. 다만 이렇게 더 넓은 세계를 경험하고 나면 의식적으로라도 때때로 다른 서가로 손을 뻗게 되며 그 시점에서 독자는 더 깊이 성장한다는 것입니다.

처음에는 실패도 많이 했지만 그 실패가 있었기 때문에 저에게 맞는 책을 찾는 눈도 생겼으며 같은 분류에 있는 책일지라도 어떻게 세밀하게 차이가 나는지 알게 되었습니다. 가끔은 해당 분류와 어울리지 않는 것 같은 책도 만나면서, 책을 깊이 읽어보지 않고 표지와 제목에만 의지하여 분류한 것은 아닐까, 아니면 내가 책을 잘못 이해한 것일까 고민하며 책을 더 면밀히 살피기도 했지요. 결론적으로 제가 얻은 가장 큰 소득은 다양한 분야의 책에 대한 이해가 넓어졌다는 것, 매일매일 다분야 독서를 하지는 않을지라도 다른 분야 도서에 열린 마음을 늘 간직하게 되었다는 것입니다.

오해하지 않아야 할 점은, 십진분류의 기준대로 항상 책을 읽어야 한다고 강조하는 것이 아니라는 점입니다. 어린이들로 하여금 책의 다양성을 맛보게 하여 자신이 어떤 책을 좋아하는 독자인지 스스로 깨우치게 하는 데 목적이 있습니다. 방학이나 주말을 활용해 4~5회 정도만 해봐도 책에 대한 관점이 넓어지면서 자신에게 맞는 책을 찾는 법을 익히게 될 것입니다.

넘나드는 독서를 위한 책 배치 2:5:1

앞서 스스로 책장을 정리해보는 일의 중요성에 대해 이야기했지요. 제가 부모님과 상담하면서 알게 된 독서에 대한 오해가 참 여러 가지 있는데요. 대표적인 것이 '수준에 맞는 책 읽기를 해야 한다'는 것이었습니다. 수준에 맞는다는 것이 과연 어떤 의미일까요? 학년 수준에 맞는 책을 말하는 것일까요, 독자 자신의 읽기 수준에 맞는 책을 말하는 것일까요? 아니면 정서 수준인 것일까요?

가끔 독서 레벨 테스트를 시키고, 그 결과에 맞추어 추천된 책을 읽게 하면 아이의 독서가 성장할 것이라는 믿음이 있는 부모님을 봅니다. 단계성과 체계성이 독서에서 중요하다고 생각하시는 건데요. 사실 2, 3학년 때 읽기 유창성이 잘 완성되면 그 이후의 독서 발달은 지극히 독자 자신의 상황에 따라서 여러 특이성을 보이며 이루어집니다. 학계에서 널리 인정받는 기본 발달 이론들이 있지만 그건 어디까지나 기준으로 삼아 융통성 있게 이해해야 하는 이론인 것이지 모든 독자에게 일률적으로 적용해야 하는 것은 아닙니다. 또 '그렇게 발달해야만 정상이다'라고 할 수도 없습니다. 어떤 어린이는 자신의 이해도나 마음을 훌쩍 뛰어넘은 책을 읽고 이해하고 싶어 애쓰기도 하고요. 어떤 어린이는 자신의 읽기 수준보다 낮은 책을 들고 푹 빠져 읽기도 합니다.

책은 사람의 읽기력을 발달시키기 위해 존재하는 것이 아니라 마음과 정서의 만족, 지적인 충족과 쾌감을 위해 존재합니다. 그 목적을 위해 읽다 보면 어느새 읽기력도 성장하는 것입니다. 반대로 그렇기 때문에 자신의 독서 수준보다 낮은 책도, 반대로 높은 책도 들고 '읽기'라는 행위를 하는 것이지요.

이것이 가능해지려면 '수준에 맞는 책읽기'에 매몰되지 말고, 조금 더 다양한 책을 곁에 두도록 해야 합니다. 어릴 때 읽었던 인생 책들도, 그리고 앞으로 읽고 싶은 책들도 있어야 한다는 것이지요. 책장을 정리할 때 '베스트 책' 코너와 더불어 '앞으로 읽고 싶은 책' 코너도 하나 마련하면 어떨까요? 저 역시 지금도 저에게 좀 어렵지만 읽고 싶은 책, 어렵진 않아도 책 자체로 매력이 느껴져 읽고 싶어지는 책을 구입하여 책장에 꽂아두고 가슴 설레곤 합니다. 선망하기만 했던 어려운 책을 읽고 이해했을 때의 쾌감, 평소 독서 분야가 아니지만 매력적으로 느껴졌던 책을 읽고 난 후의 생경한 황홀감은 독자만이 누릴 수 있는 축복 아닐까요?

그래서 중요한 것이 사실 독서 모델입니다. 정확히 말하면 독서 모델의 책장이겠지요. '나의 책장'에 나의 꿈을 키워가는 책을 모아둔다면 자신보다 나이가 많은 형제자매, 혹은 부모의 책장을 보면서는 '읽고 싶은 책'에 대한 꿈을 키워가게 될 거예요. 바람직한 독서 모델이 곁에 있을 때 책을 읽게 될 가능성이 많다는 것 또한 불변의 진리입니다.

거듭 강조하지만 독자는 자신의 단계, 즉 독서 레벨을 높이기 위해

독서하지 않습니다. 그런 기계적인 방식은 한계가 있기 마련입니다. 특히나 단계를 높이기 위해 의무적으로 주어진 책만 읽는 경우 독서에서 가장 중요한 동기가 확립되지 않아 오히려 비독자로 가게 될 가능성이 많습니다. 어린이는 독서 레벨을 올려야 하는 학습자이기에 앞서 자유롭게 넘나들며 읽을 자유와 의지가 있는 독자라는 점, 그리고 책은 역시 독서 레벨을 높이기 위해 만들어진 도구가 아니라는 점을 꼭 기억하세요. 독자와 책, 두 가지에 대한 이해가 있어야 어린이를 읽는 사람으로 키울 수 있다는 것을 강조하고 싶습니다.

마지막으로 그렇게 넘나드는 독서를 위해 배치하는 책의 비율은 어느 정도가 적당할까요? 제 개인적으로는 2:5:1 정도를 말씀드리고 싶은데요. 자신의 독서 수준에 맞는 책이 다섯 권이라면 그 아래의 책이 두 권, 위의 책이 한 권 정도로 배치했을 때에 넘나드는 독서가 가능하리라고 생각합니다. 아래 수준의 책이 너무 많으면 긴장감을 느끼며 읽을 수 없고, 윗 수준의 책이 너무 많으면 책은 어렵다는 생각에 부담을 느끼지 않을까요? 참고해서 우리 집에 어울리는 적당한 기준을 마련하면 좋겠습니다.

6단계 가족 독서의 시작

제가 운영하는 독서 교실은 90~100분 정도 수업합니다. 책에 어울리는 활동이나 토론, 글쓰기를 진행하다 보면 시간이 늘 부족합니다. 그런데 가끔 여유 시간이 생길 때가 있습니다. 그래봐야 5~10분 정도지만 시간을 놓치고 싶지 않아 어린이들에게 자유 독서를 하도록 합니다. 처음에는 책을 고르느라 약간의 부산함이 있지만 각자 읽을 책을 고르고 나면 곧 집중하며 독서에 빠져들곤 합니다. 평소 책을 좋아하지 않는 친구, 좋아하는 친구 모두 예외 없습니다. 그 시간만큼은 모두 '독자'로 '책'과 만나고 있는 것이지요.

여기에서 알 수 있는 사실은 독서라는 행위가 그리 거창하고 대단한 것이 아니라는 점입니다. 자발적 독자인 어린이는 이미 잘 읽으니 괜찮지만 우리의 염려는 늘 그렇듯 비독자인 어린이에게 향하지요. 하지만 책을 읽지 않는 어린이가 다시 책을 펼쳐 들게 하는 일은 생각보다 어렵지 않습니다. 방금 보았듯이 세 가지만 있으면 책에 빠져들 수 있는데요. 첫째는 혼자가 아니라 함께 읽는 독자가 곁에 있다는 것, 둘째는 아무엇도 하지 않고 책만 읽어도 되는 10분이라는 시간, 그리고 가장 중요한 자신이 직접 고른 자신에게 맞는 책입니다. 이 세 가지 조건이 채워지면 독서는 이미 시작된 것입니다.

바로 이 지점이 제가 늘 안타까워하는 부분이기도 합니다. 책을 안 읽는 어린이에게 물어보면 대표적 이유로 시간 부족을 든다고 말씀드렸지요? 그다음으로는 '무엇을 읽을지 몰라서'라고 말합니다. 어린이들이 스스로 인지하지 못해 명시적으로 말하진 못하지만 함께할 다른 독자가 없는 것도 책을 읽지 않는 이유가 됩니다. 만약 우리 아이가 책을 읽지 않는다면 그 자체만을 고민할 것이 아니라 위 세 가지가 충족이 되고 있는지 살펴보아야 합니다.

결국 가족 독서에 대한 이야기인데요. 세 가지가 충족되는 곳이 없다면 어린이들이 가장 편안한 공간인 집에서 시도해볼 수 있습니다. 같은 집에 사는 이들과 함께하니 이름도 자연스럽게 가족 독서가 되겠지요. 가족 독서를 세 가지 형태로 나누어 살펴보겠습니다.

8세 이전	9세	10세	11세	12세	13세	14세 이상
귀독서 →						
	혼독서 →					
			가치독서 →			

귀독서

귀독서는 귀로 하는 독서를 말합니다. 이 책의 4장에서 저는 읽기에서 독서로 나아가는 로드맵을 설명드리고 있습니다. 읽기 부분은 글자를 읽고 글을 해독하는 것부터 시작하여 문장을 유창하게 읽기, 묵독 시작하기, 글의 표면 내용 이해하기, 글의 구조를 파악하기, 저자의 의도 파악하기의 순서로 말씀드릴 예정입니다. 그중 글자 해독 단계부터 문장 유창하게 읽기 단계에서 필수인 것이 '능숙한 독자의 책 읽기'를 계속 경험해보는 것입니다. 쉽게 말하면 글을 유창하게 읽는 사람이 읽어주어야 아이가 귀로 듣고 배워 잘 읽을 수 있다는 것이지요. 읽는 사람은 소리 독서를 하는 것이고 듣는 사람은 귀독서를 하는 겁니다.

읽어주기와 비슷하다고 생각하실지 모르겠습니다. 그러나 제가 굳이 귀독서라고 이름을 붙여 따로 설명하는 이유가 있습니다. 읽어주기는 보통 어른이 어린이를 위해 봉사와 희생정신으로 하는 일이라는 느낌이 강합니다. 그렇다 보니 아무래도 지치기 쉽습니다. 소리 내어 책을 읽는다는 것 자체가 상당히 피로한 행위이고, 묵독이 가능한 이들은 소리 내어 읽을 때 오히려 집중이 되지 않는 면이 있습니다.

귀독서는 성격이 조금 다릅니다. 타인을 위해 읽어준다는 개념이 아니라, 그저 자신의 독서를 하되, 모든 것을 소리 내어보는 것입니다. 책을 집어 들고 앞뒤 살펴본 뒤 본문을 읽고 덮기까지의 과정을 모두 말입니다. 그 과정에서 귀독서를 하는 어린이는 유창하게 읽는 법도 배우지만 책을 어떻게 읽어야 하는지도 배우게 됩니다.

소리 독서를 하는 어른이 어떤 말을 하게 되는지 예시를 들어드리겠습니다. 소리 독서를 하는 독자의 행동과 그 행동을 하면서 할 수 있는 말의 예시, 그리고 그 말을 들으며 귀독서를 하는 독자가 배울 수 있는 것을 간단히 표로 나타냈으니 참고하세요.

행동	말하기	귀독서를 통해 배울 수 있는 것
책을 고르기 전	오늘은 무엇을 읽어볼까?	읽기 전 스스로 책을 선택한다는 것을 알 수 있다.
책을 고르며	와, 이 책 재미있겠다. 표지의 주인공 표정이 재미있어.	책을 고르는 요소 중 표지의 그림도 있음을 알 수 있다.
앉아서 표지를 살펴보며	이 아이 이름이 만복이인가? 만복이네 떡집이 제목이네, 어떤 떡집이지?	제목을 보고 궁금증을 표현할 수 있음을 알 수 있다.
표지를 펼쳐 책날개를 보며	김리리 작가가 쓴 작품이네? 이름을 들어본 것 같아. 동화책을 많이 쓰셨구나. 그림 작가님이 그린 책에 내가 읽어본 책이 있네!	글작가와 그림작가의 정보를 읽고 얻을 수 있는 것이 있음을 알 수 있다.
본문을 읽으며	(본문을 우선 소리 내어 읽고) 만복이 친구가 많이 나오네. 은지가 누구였더라? 전학오자마자 못생겼다는 소리를 들으니 속상했겠다. 사실 나도 나쁜 말을 한 적이 있는데!	내용을 확인하며 읽는다는 것, 인물의 마음을 헤아리며 읽는다는 것, 비슷한 내 경험을 떠올릴 수도 있다는 것을 알 수 있다.
책을 다 읽고 뒷면을 보며	심술쟁이 만복이를 변하게 한 떡집 이야기라고 되어 있네! 맞아, 정말 그래.	책 뒷면은 간단한 책 소개나 줄거리가 실려 있어 읽기 전후 읽어보고 독서에 도움을 얻을 수 있다는 것을 알 수 있다.

책을 읽고자 마음먹고 책을 고르는 행위부터 다 덮고 뒷면을 보는 이 과정은 보통의 독자가 겪는 과정입니다. 다만 생각으로만 이루어기

때문에 의식하지 못할 뿐이지요. 책을 맨 처음 접할 때는 글자가 왼쪽에서 오른쪽으로 진행된다는 것, 한 줄을 다 읽으면 아랫줄로 내려간다는 것에도 익숙해져야 합니다. 독서 또한 이렇게 소리 독서를 통해 책을 스스로 선택하는 행위부터 다 읽고 덮을 때까지의 과정을 배워야 합니다.

앞서 유창하게 읽기까지는 소리 독서가 필요하다고 했지만 독서하면서 일어나는 사고 작용까지 느껴보게 하려면 유창하게 읽기 단계를 넘어서도 귀독서가 필요합니다. 또한 읽기와 듣기의 이해력이 일치하는 시기는 학문적으로 14세라고 하니 이 점까지 고려하면 사실상 귀독서는 14세까지 이루어져야 하지요. 저는 현실적으로 그러기는 쉽지 않다고 생각합니다. 하지만 기본적인 학습을 위해서 유창하게 읽기가 능숙해져야 하는 10세까지는 양보 없이 필수라고 말씀드리고 싶습니다.

혼독서

혼독서는 혼자 하는 독서를 말합니다. 그러나 혼자 있는 공간이 아니라, 독자가 모여 있는 곳에서 자신이 선택한 책을 읽는 것을 말합니다. 독서는 생각보다 외로운 행위입니다. 그래서 초보 독자는 쉽게 이 세계로 들어가지 못하기도 합니다. 당장 무언가 얻는 것이 없는 것처럼 보이는 일을 혼자 계속하기란 쉽지 않습니다. 그래서 반드시 곁에 책을 읽고 있는 독자가 있어야 합니다. 생각보다 이 부분이 무척 중요한데요. 사람들이 책을 읽는 어떤 공간에 들어갔다고 생각해봅시다. 우리는 거기서 무엇을 하게 될까요? 아마도 자연스럽게 함께 독서하게 될 가능성이 높겠지요? 그만큼 내 곁의 독자가 주는 힘은 무척 강합니다.

어린이들, 특히 초보 독자이거나 비독자인 어린이들 곁에 함께 책을 읽는 사람이 없는데 혼자 방에 들어가 독서하는 일이 가능할까요? 누군가와 소통하는 것을 좋아하는 성향이라면 더욱 쉽지 않을 것입니다. 그래서 더욱 이 시기에는 같이 독서할 사람이 곁에 있어야 합니다.

방법은 매우 간단합니다. 하루 중 책을 같이 읽을 시간을 정하세요. 아침이든 저녁이든 가족 모두 편한 시간이어야 합니다. 다 참여할 수 없다면 최소 2인은 함께해야 의미가 있습니다. 그리고 그 시간에는 각자 고른 책을 각자 읽는 것으로 정하세요. 휴대폰 사용을 금지하는 정도의 규칙도 필요합니다. 이 방법은 묵독을 하게 되는 시기보다 조금 이른 9세 정도부터 시작하시길 권합니다. 스스로 묵독할 수 있는 책과 그렇지 않은 책을 구분할 힘도 기를 수 있고요. 묵독도 연습이기 때문에 자연스럽게 음독에서 묵독으로 진입할 수 있습니다. 그렇게 딱 하루 10분만 투자해보세요. 그 시간과 공간, 분위기를 온전히 느끼는 것도 독자가 되기 위해 누려봐야 하는 경험입니다.

가치독서

가치독서는 가족이 함께 읽되, 이번에는 각자 고른 책이 아닌 같은 책을 읽는 시간입니다. 자, 가족이 모두 모여 맛있는 자장면을 먹는 장면을 한번 상상해보세요. 서로 어떤 대화를 나누게 될까요? 음식에 대한 이야기를 자연스럽게 하게 될 거예요. "면이 정말 쫄깃하다", "잘 안 비벼져요. 도와주세요", "양파가 달달하니 맛있다", "고기가 많이 들어갔네", "내일 또 먹고 싶을 것 같아요" 등의 대화가 오갈 것입니다.

여기서 자장면을 '책'으로 바꾼다면 어떤 대화가 오고 갈까요?《샬롯의 거미줄》을 함께 읽는다면 다음과 같은 대화를 나눌 수 있습니다. "오, 처음부터 긴장되는데요", "무녀리가 뭐예요?", "세상에, 돼지가 약하다고 죽인다니요", "참 너무하네. 그치?" 이런 대화들이요. 모두 같은 책을 들고 있기 때문에 가능한 일입니다. 몇 개의 대화 예시만 봐도 알 수 있듯이, 책에 대한 감상이나 모르는 어휘에 대한 질문 등이 자연스럽게 오갑니다. 서로 독서에 도움을 주는 자연스러운 과정을 함께하는 것이지요.

제가 가족 독서의 세 번째 단계를 '가치독서'라고 이름 지은 이유는 같은 책을 들고 읽는 시간 속에서 말 그대로 독서의 '가치'를 발견하고, 우리 가족 독서의 '가치'를 만들어가는 시간이 될 수 있기 때문입니다. 같이 하는 가치독서가 되는 것입니다. 이 일을 지속적으로 실현할 수 있는 곳이 가정이기에 가족 독서 안에 포함하여 소개했습니다.

독서 수업을 하면서도 이런 상황을 자주 마주합니다. 저를 포함해 모든 아이가 같은 책을 들고 읽을 때가 있는데요. 처음에는 고요하게 시작되지만 위의 예시처럼 자연스럽게 책 대화를 나누게 됩니다. 독서 교실 안에는 저마다 다른 성향의 어린이들, 그리고 조금은 다른 독서력의 어린이들이 있습니다. 같은 책을 읽는 시간을 주면 어린 독자들은 자연스럽게 서로 도움을 주고받기도 하고, 감상을 나누기도 합니다. 원래 어른 독자들도 비슷한 과정을 거치며 성장하지요. 아이들의 이런 모습을 보는 일이 얼마나 행복한지 모릅니다.

3장

어휘 문해력
6단계 로드맵

어휘 문해력

1 어휘
늘리기

2 어휘
사용
하기

3 어휘
탐구
하기

4 어휘
활용
하기

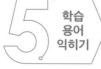

5 학습
용어
익히기

6 나만의
용어
정리

읽기의 필수 도구,
어휘 익히기

　독서 교실에 오는 아이들과 거의 매주 글을 씁니다. 글에 담을 내용을 신나게 이야기하고 나서 시작! 그런데 좀처럼 연필을 움직이지 못하는 친구들이 간혹 있습니다. 시작했다가 중간중간 멈추는 모습도 자주 보입니다. 슬며시 옆으로 가서 쓰지 못하는 이유를 살펴봅니다. 여러 이유가 있지만 그중 한 가지는 글의 시작부터 끝까지, 자신의 생각을 표현하기 위한 적절한 단어를 찾지 못해 망설이는 경우입니다. 단어 하나만 생각나지 않아도 글의 진도는 잘 나가지 않습니다. 시간만 흘러가고 연필은 초조하게 자신을 쥔 주인을 바라봅니다.

　말할 때는 정확한 단어를 사용하지 않고 대명사 등을 활용해 문장을 대략 구성해도 의사소통에 큰 문제가 되지 않습니다. 그러나 글을 쓸 때는 생각과 마음을 나타낼 적확한 단어를 사용해야 문장이 구성되고 문장이 모여 글이 되기 때문에 말할 때와는 다르게 어려움을 겪는 것이지요. 저는 도움을 주기 위해 이야기를 좀 더 나누어 아이가 하고 싶은 말을 세세히 파악한 뒤, 그 생각을 표현하기 위해 필요할 법한 어렵지 않은 단어를 몇 가지 제시합니다. 그럼 갑자기 "아!" 하면서 글을 써나가기 시작합니다.

한국민족문화대백과에서는 어휘를 '어떤 일정한 범위 안에서 쓰이고 있는 단어의 총체'라고 정의하고 있습니다. '어휘력'은 '어휘를 마음대로 부리어 사용할 줄 아는 능력'이라고 국어사전에 정의되어 있고요. 어휘력이란 결국 어떤 일정 범위 안에서 쓰이는 단어들을 일정량 이상 알고, 그것을 적절한 상황에 인출해서 사용할 줄 아는 능력입니다. 그리고 한 가지 더 보태자면 어휘의 정확한 표기법을 알아야 하고, 대강의 의미 또한 아는 것은 물론 설명할 수 있어야 합니다. 그래야 사용할 수도 있겠지요.

글을 쓸 때 적확한 어휘를 사용해야 의도가 잘 드러나듯 반대로 책을 읽을 때는 내가 가진 어휘의 양이 많아야 글의 의미가 정확히 이해되고 글쓴이가 표현하고자 하는 바도 잘 읽어낼 수 있습니다. 읽기에서도 어휘는 필수 도구인 것이지요. 책을 읽으면서 어휘의 양이 늘기도 하지만 반대로 많은 어휘를 내 안에 가지고 있어야 책도 이해가 된다는 점에서 읽기력과 어휘력은 상호보완적으로 성장합니다.

독자는 책을 읽으며 수많은 어휘를 만나고 그중 자신의 마음에 담긴 어휘로 생각하고 살아갑니다. 결국 어휘라는 것은 그 사람의 생각 도구인 셈입니다. 어휘가 풍성할수록 생각도 풍성해지고, 그 생각이 한 사람의 삶의 방향을 결정하고 이끌어갑니다. 읽고 쓰는 능력, 즉 문해력이 생존력인 것처럼 어휘력 또한 생존하는 데 필수라고 할 수 있습니다.

학교에 다니며 교육 과정 속에서 자라는 어린이들에게는 학습 도구어 또한 지나칠 수 없는 부분입니다. 학습 도구어란 교과 공부를 위해 알아야 하는 어휘를 말하는데요. 어린이들은 하루의 상당 시간을 학교에서 보냅니다. 각 과목에서 알아야 할 것을 정해진 진도에 따라 배워 나가는 동안 다양한 학습 도구어를 만납니다. 의미를 모르는 학습 도구어가 있으면 교과서의 글이나 선생님의 설명을 제대로 이해할 수 없습니다. 잘 모르는 단어를 마주한 아이는 위축될 수밖에 없습니다. 모르는 사람들 사이에서 무언가 해야 하는 어색하고 난감한 상황에 처한 것과 비슷하니까요.

학습 도구어를 익히는 일은 이렇게 공부에 도움이 되지만 그것이 본질은 아닙니다. 그보다 자신이 속한 곳에서 사용되는 단어의 뜻을 최소한으로라도 이해하여 위축되지 않고 꿋꿋하게 존재하기 위한 것이 더 큰 목적이라고 생각합니다.

어린이들은 가장 소중한 공간인 가정 안에서 여러 어휘를 습득하고, 1학년이 되면 학교에 가서 선생님, 친구들을 만나 새로운 어휘를 배우고 나누며 소통합니다. 친구와의 유대감을 점점 중요하게 여기는 고학년이 될수록 어휘는 자기를 표현하는 적극적 수단이 되고요. 글을 쓰기 시작하면서부터는 삶과 삶에 깃든 생각이 어휘를 통해 글에 나타납니다. 이것이 우리가 어린이들이 사용하는 어휘에 관심을 가져야 하는 이유입니다.

좋은 어휘 습득의 대전제는 독서입니다. 좋은 문학 작품 읽기를 기본으로 삼아주세요. 이 전제를 바탕으로 하여 이제부터 살펴볼 6단계를 차근차근 따라오신다면 우리 아이들의 어휘가 더욱 풍성해질 거라고 믿습니다.

독서를 통해 책에서 만난 어휘를 자연스럽게 익히는 것을 기본으로 하되, 막연해하실 부모님을 위해 우선 초등 학년별 기초 어휘를 소개하고자 합니다. 다음 페이지의 학년별 어휘는 2003년에 김광해 선생님이 연구하여 정리한《등급별 국어 교육용 어휘》(김광해 글, 박이정)에 수록된 것을 참고하였습니다. 김광해 선생님은 237,990개 어휘를 선정해 총 7등급으로 묶어 제시한 학자입니다. 그중《등급별 국어 교육용 어휘》에 4단계까지의 어휘가 수록되어 있으며 단계별 기준은 아래 표와 같습니다. 이러한 등급 기준에 따라 각 학년에 익히면 좋은 기초 어휘를 고른 것이니 함께 살펴보세요. 만약 해당 학년의 어휘가 너무 쉽게 느껴진다면 다음 학년의 어휘를 봐도 좋습니다.

등급	개념	어휘량
1등급	기초 어휘	1,845
2등급	정규 교육 이전	4,245
3등급	정규 교육 개시 – 사춘기 이전, 사고 도구어 일부 포함	8,358
4등급	사춘기 이후 – 급격한 지적 성장, 사고 도구어 포함	33,819

참고로 (주)낱말 사이트(www.natmal.com)에서도 어휘의 등급을 확인할 수 있으며 어휘력 진단도 가능합니다.

〈학년별 기초 어휘〉

1학년 136개							
가게	가난하다	가운데	가리키다	가짜	강아지	같다	걱정
건강	건망증	게으르다	결혼	경찰	계절	고민	고르다
곤충	골목	공부	곧장	괴롭히다	괴상하다	궁금하다	규칙
그늘	급히	기상	기억	깃발	깊다	깎다	깨끗이
꼭대기	꼴찌	나중에	낡다	낱말	너무	농사	높임말
느끼다	늦잠	달력	달맞이	당시	더위	도착	대견하다
대답	도움	두근두근	두드리다	떠나다	뜻	마르다	마을
말씀	매주	맺다	모둠	몸짓	무대	묶다	물음
미리	바라다	반갑다	반말	방문	버릇	보통	복습
부자	부족하다	부지런하다	비밀	빌리다	사고	사건	생각
서로	서쪽	소중하다	손님	손자	수염	시간	시장
시내	싣다	실수	실제	싹	쓸모	아무리	아픔
안개	알리다	앓다	양보	어렵다	연습	열쇠	옳다
욕심	용기	움직이다	위험하다	응원	이웃	자랑	재채기
정말	조사	조심하다	좁다	주먹질	주위	주인공	중심
지붕	지키다	찡그리다	찬성	창피하다	채소	초가집	치료
친척	큰아버지	표정	편리하다	항구	향기	허공	화해하다

2학년 164개							
가득	가꾸다	가로수	간신히	갇히다	감명	감옥	갑갑하다
거리	거름	결심	경험	계획	고향	공격	공간

공중	공해	관람객	광경	구석	국경일	국토	궁색하다
그저께	극복하다	기회	기록	까닭	까다롭다	꼬투리	꼼짝
나들이	나머지	난폭하다	노리다	다짐	다스리다	달음박질	담벼락
당당하다	당장	대강	대비하다	두렵다	대조	대책	도중
동작	마흔	말투	맞은편	메아리	목숨	무덥다	무심코
무척	무치다	문병	미래	미루다	미련하다	미소	반대
반성	반칙	보상	보람	부상	부정하다	부축하다	불평
비스듬하다	비좁다	사막	사흘	생명	서투르다	선택	설치하다
섬	성명	세상	손녀	속상하다	손목	솔직하다	습관
실망하다	실력	쑥스럽다	아슬하다	아쉽다	알맞다	어울리다	억울하다
억지로	얻다	엉키다	여건	연락	염려	오직	요즘
용건	용서	우두커니	울창하다	유난히	이용하다	이해하다	잃다
자만	자격	자세히	자신감	자녀	자취	작년	작정
잠꼬대	장래	장점	장소	저물다	전학	정류장	전달하다
절약	정각	주변	주저하다	중지	즉시	지독하다	직전
직접	질서	집중	짓다	착실하다	처량하다	축제	치르다
태도	특징	패배	표시	피해	하찮다	한숨	함부로
해결하다	현기증	허락	협동	형편	화목하다	확신하다	활기
회복	훨씬	흔히	희망				

3학년 152개							
가뭄	가엾다	간추리다	감상하다	값비싼	거느리다	거절하다	걸핏하면
겨누다	겨우살이	결정	겸손하다	고비	공경하다	공교롭다	과연

관광	광장	구경하다	구두쇠	귀국	규정	근심	금세
금지	기대하다	기술	기어이	기온	긴장하다	깁다	꼴
꾸지람	끼니	넉넉하다	다락	다루다	단순하다	단념	닷새
대략	대립하다	댓글	독재자	뒤처지다	등장인물	들이켜다	따분하다
뚜렷하다	마련하다	마땅하다	맞서다	모질다	목표	몹시	문안
발언	베풀다	변두리	보증	본받다	볼거리	분명히	불쾌하다
불만	뿔뿔이	살포시	삶	상점	상당하다	상호	생필품
서적	설득	성격	성과	세계	소득	소위	실감
실업	쐐기	어긋나다	여전히	오로지	오염	오해	온통
외양간	욕설	위기	위선	유의하다	유행하다	의도	의의
이튿날	이윽고	인내심	일제히	자긍심	자력	잠재력	적절하다
전시하다	전략	전력	조력	죄	주목	증가하다	증거
지폐	직설	진리	진심	진지하다	진압	진정	진학하다
차림새	착수하다	착취	참가하다	창공	책임감	처형	최초
추천	충격	토라지다	토목	통곡하다	파손	평판	평화
포기	표류	표적	핑계	한바탕	합격	해방	행인
호국	환경	확장	후회	흐뭇하다	흠집	희귀하다	휘젓다

4학년 104개							
가령	가옥	각지	개방하다	갸륵히	거듭되다	건립하다	걸머지다
간섭하다	감시	갖가지	거역하다	과식	구출하다	권유하다	권력
겨냥하다	경솔하다	경계심	고령화	고사하다	과실	과압	구간
구정	규제하다	궁리하다	나직하다	나직이	낭비	냉담하다	늠름하다

다부지다	대성하다	되바라지다	되풀이되다	들볶이다	들추다	등줄기	마소
문득	만만하다	만발하다	매표소	멸균	몸조리	무사하다	밀착하다
밑거름	반나절	반려동물	반문하다	분투	비무장	빚지다	사명감
사죄하다	산등성이	색맹	소심하다	수립하다	숙달되다	아우성	아흐레
엄두	엄살	여드레	연간	염원하다	우수하다	운송	웅장하다
위엄	위력	유례	유용하다	유유히	은근히	이롭다	일상
일구다	자립	자조하다	저항	적적하다	증설하다	질병	처벌
체념	초인적	총명함	타당하다	타협하다	토양	파견	평야
평온하다	폭우	풍만하다	하물며	합심하다	활용하다	훗날	허용하다

5학년 160개							
가계	가공되다	가냘프다	가빠지다	가열	가파르다	가혹하다	간혹
감격하다	값어치	강수량	개조하다	개방하다	거만하다	검소하다	검토하다
겨우내	격려하다	결백하다	경계	고대하다	곤란하다	공손하다	과로
구걸	구슬프다	굳건히	굶주림	궁리	그다지	극심	규모
근면	급속히	기껏해야	길들이다	까무룩	꾀병	나날이	난데없이
내동댕이	넘보다	누추하다	누명	능가하다	단조롭다	당부	당분간
덩그러니	돋보이다	둘러대다	떠들썩	때마침	뜻밖에	만발	맹세
명예	몹쓸	무례하다	무릅쓰고	무식하다	묵묵히	믿음	발자취
발휘되다	배신	배웅	번화가	별개	보답하다	복종	부담
부리나케	분노	불가능	비겁하다	빈곤	사소하다	사양하다	사정없이
살림살이	새삼스레	생존	섬기다	소명하다	소란하다	소유하다	소홀히
손쉽다	수월하다	순순히	시무룩	시시하다	심지어	실전	아름드리

압박	앞세우다	야단법석	얕보다	어김없이	어슴푸레	엄격히	업신여김
여의다	열정	영웅	예고	오붓하다	옥신각신	외로이	요구
요청	우물쭈물	우아하다	웃어른	원망하다	위급하다	의존하다	이토록
잔인하다	잠결	절실하다	정당하다	정겹다	주장하다	주의력	지그시
지극히	차별	찰나	참여하다	채집하다	천진난만	초라하다	초저녁
축복	충성심	친밀감	충고하다	터득하다	터무니없이	퇴장	파괴
판단력	평온하다	폭넓다	품삯	풍부하다	한살이	허둥대다	허름하다
허전하다	헐뜯다	헛되다	화합	활기차다	활약하다	회복되다	휩쓸다

6학년 104개							
가까스로	가능성	가쁘다	간결하다	강대국	개혁하다	거룩히	격렬히
경솔하다	계몽	고스란히	고약하다	과감하다	괴롭다	굳세다	굽어보다
글피	그지없이	기념	기여하다	깃들다	까마득	꺼림칙	나부끼다
납득	노동	늦추다	능숙하다	다름없다	단숨에	달성하다	당면하다
더없이	도움닫기	됨됨이	드높다	망명	매진하다	멸시하다	모독
무수히	배짱부리다	번성하다	분별하다	사로잡히다	사사로이	산허리	생업
선박	설움	성나다	소란스럽다	소비하다	손꼽다	시기하다	실현되다
쓰임새	아스라이	악랄하다	알뜰살뜰	애매하다	어슴푸레	어질다	엄격히
여물다	여의다	예견하다	예닐곱	오두막	오붓하다	오죽하다	옷맵시
요령	용맹하다	운명하다	인지하다	일평생	재촉하다	조바심	존엄
줄기차다	지름길	지새우다	쪼들리다	체험	추모하다	치밀하다	친밀하다
탄생	풍족하다	한사코	향상되다	허락하다	헐뜯다	혼잡하다	활달하다
황홀하다	횡포	흉년	흠잡다	흘날리다	희한하다	희생자	힘입다

1단계 어휘량 늘리기

　어휘는 사용할 줄 알아야 진짜 아는 것이지만 그러려면 우선 어휘량을 늘려야 합니다. 어휘량을 늘리는 가장 쉬운 방법이자 본질적인 방법은 앞서 언급했듯 좋은 문학 작품 읽기입니다. 주위 어른들이 먼저 풍성한 어휘를 사용하는 것이 더 기본이긴 하나, 우리가 일상에서 사용하는 어휘는 무척 한정적일 수밖에 없습니다. 늘 비슷한 환경에서 비슷한 하루를 보내기 때문이지요. 일상 대화로 어휘를 늘리는 것이 가장 쉬운 방법 같지만 사실 현실적이지 않습니다.

　문학 작품에는 일상에서 접하기 어려운 고급 어휘가 많이 담겨 있습니다. 읽는 것만으로도 좋은 어휘를 만날 수 있다는 것은 그런 점에서 축복이라고도 표현하고 싶습니다. 아이에게 아름다운 문학 작품을 많이 읽어주고, 또 아이가 읽도록 도와주세요. 이 점을 대전제로 해야 어휘를 늘리기 위한 여러 전략도 의미가 있습니다.

　다만 어린이들은 책을 읽을 때 기본적으로 이야기의 줄기만 따라 읽는 경향이 있어 어휘 하나하나에 집중하지 않는 편입니다. 잘못된 것이 아니라 본래 그렇습니다. 이야기를 읽는 목적 자체가 재미있는 스토리를 만나기 위해서이기 때문입니다. 그렇다 보니 좋은 문장이나 어휘를 놓칠 때가 많습니다. 놓친다기보다는 스쳐 읽는다는 표현이 더 맞겠지요.

그림책《단어 수집가》(피터 레이놀즈 글, 문학동네)에 등장하는 주인공 제롬은 제목처럼 단어를 수집합니다. 길을 지나다가, 책을 읽다가, 때때로 관심 가는 단어를 모았지요. 모은 단어를 분류하기도 하고 걸어놓기도 합니다. 그러고는 마침내는 높은 곳에 올라가 자신이 모은 단어를 세상에 뿌립니다. 책의 마지막 면지에는 단어를 뿌리는 일이 '세상에 자신이 누구인지 말하는 일'이라고 적혀 있습니다.

우리 어린이들도 읽은 책에서 그냥 스쳐 지나간 어휘를 적극적으로 찾아보게 하면 좋습니다. 아직 읽지 않은 책으로 해도 좋고 그림책도 좋습니다. 그림책에는 어휘가 적을 것 같지만 찬찬히 읽어보면 찾아볼 어휘가 의외로 많습니다. 저학년의 경우에는 많은 글이 부담이 될 수 있으므로 그림책으로 하는 것이 더 나을 수 있습니다. 평소 책을 많이 읽지 않는 경우에도 그림책으로 먼저 해보세요.

우선《단어 수집가》를 함께 읽으면 좋겠습니다. 그리고 책을 다시 펼쳐 들고 ㄱ부터 ㅎ까지 각 자음으로 시작하는 어휘를 찾아보게 하세요. 기준 없이 자유롭게 찾는 것도 좋지만 오히려 아이들이 더 어려워할 수 있습니다. 무엇보다 14개의 자음으로 시작하는 어휘를 찾게 하면 더 다양한 어휘를 찾을 수 있습니다.

이 활동을 할 때 주의할 점은, 놀이처럼 재미있게 해야 한다는 것입니다. 그리고 지나치게 쉬운 단어는 고르지 않는 것이 좋습니다. 어휘량을 늘리는 것이 목적이므로 책을 통해 처음 알게 된 단어, 어디선가 본 적은 있지만 자세히 모르는 단어, 또는 알고는 있지만 많이 사용해본 적은 없는 단어를 중심으로 찾아보도록 합니다. 그래야 찾는 의미가 있습니다. 각 자음당 1~2개 정도면 좋습니다.

스케치북이나 종합장에 주머니 모양을 14개 그려보세요. 각 주머니에 자음 ㄱ부터 ㅎ까지 쓰고 그 안에 고른 단어들을 써보게 하세요. 온 가족이 함께하면 더 쉽고 재미있게 할 수 있습니다.

그다음에는 조금 더 의미를 부여하여 어휘를 찾아보세요. 기분이 좋아지는 어휘, 기억하고 싶은 어휘, 다정한 어휘, 선물하고 싶은 어휘 등을 모아보면 어떨까요? 가정에 흔히 걸어두는 달력이나 탁상 달력이 있을 거예요. 달력의 날짜마다 매일 1개씩 모으면 소중한 어휘 달력이 됩니다. 1년이 지나고 보면 365개의 새로운 어휘가 아이 머릿속에 풍성히 자리 잡겠지요. 일명 어휘 수집 달력입니다.

어휘를 저금해보는 것도 좋습니다. 역시 스케치북이나 종합장에 돼지 저금통 이미지를 그려보세요. 그리고 저금통 이름을 지어줍니다. 여러 가지 책을 읽으며 차곡차곡 어휘를 모은다면 어느새 어휘 부자가 되어 있을 거예요.

어휘를 모으기 위한 활동으로 끝말잇기도 좋습니다. 끝말잇기가 어떻게 어휘를 모으는 활동이냐고요? 끝말잇기를 하다 보면 어휘가 생각나지 않는 순간이 있습니다. 그럴 때는 어휘를 찾아서 이어나가게 하면 됩니다. 그렇다면 어휘는 어디에서 찾을까요? 가장 기본적으로는 책에서 찾을 수 있겠지요? 그다음은 바로 '사전'입니다. 사전은 아주 많은 어휘가 담긴 좋은 어휘 보물 창고이지만 활용하기가 좀처럼 쉽지 않습니다. 자칫하면 또 하나의 공부로 여겨져 아이가 사전을 싫어할 수도 있습니다. 그러나 이렇게 끝말잇기를 할 때 활용하면 게임처럼 접하면서 자연스럽게 사전을 펼쳐보는 계기도 될 거예요. 또한 끝말잇기할 때, 몰랐던 어휘로만 이어나가는 미션을 주어도 좋습니다. 그럼 계속 새로운 어휘를 찾게 될 것이고, 이 과정에서 많은 어휘를 습득할 수 있습니다.

마지막으로 동시집이나 어린이시집을 읽으며 어휘를 모아보세요. 시어에는 다양한 정서가 담겨 있고, 때론 여러 의미가 함축되어 있습니다. 시어를 하나하나 모은다는 것은 단순히 어휘만 늘리는 것이 아니라 다양한 마음을 만나고 세상을 담는 일도 됩니다.

지금까지 어휘를 늘리는 여러 가지 방법을 살펴봤습니다. 어휘를 늘리는 일이 자신의 세계를 확장하는 일임을 다시 떠올리며 꼭 실천해보세요. 어느 순간 그 어휘를 자연스럽게 사용하고 있는 아이를 볼 수 있을 거예요.

어휘 수집가 (소중한 어휘)

책을 펼쳐 나만의 소중한 어휘들을 모아보세요. 다음 네 가지 기준으로 모으면 더 풍성하게 모을 수 있어요.

기분이 좋아지는 단어

다정한 단어

기억하고 싶은 단어

선물하고 싶은 단어

2단계 어휘를 사용하는 세 가지 방법

어휘로 마음 표현하기, 마음 전달하기

이제 모은 어휘를 사용해볼 차례입니다. 언어가 빈곤하면 자기 표현이 힘들다는 이야기를 이번 장의 서두에서 했습니다. 그만큼 언어는 자기 표현 수단이자 때론 한 존재를 규정하는 것이기도 합니다. 우리 어린이들도 어휘가 부족해 자기 생각을 표현하기 힘들던 경험이 있을 것입니다.

《낱말 공장 나라》(아네스 드 레스트라드 글, 세용출판)는 낱말을 공장에서 사야 하는 나라의 이야기입니다. 가난한 사람은 낱말을 사기 어렵습니다. 주인공 필레아스도 그렇습니다. 필레아스는 날아다니는 낱말을 겨우 모아 좋아하는 시벨에게 마음을 고백합니다. 사실 필레아스가 모은 낱말은 마음을 고백하기에 적절하지 않은 낱말이었지만, 시벨은 그 마음을 느끼고 볼에 뽀뽀를 하지요. 예쁘지만 조금 슬픈 이야기입니다.

우리 어린이들도 모은 어휘를 활용해 자신의 마음도 표현하고 마음껏 하고 싶은 말도 해보면 좋겠습니다. 한 어린이는 자신이 모은 '사랑',

'쾅쾅쾅'이라는 단어를 활용해 '사랑을 하니까 마음이 쾅쾅쾅 뛸 거야'
라는 문장으로 엄마에게 마음을 전하기도 했습니다.

아이와 함께 다음과 같은 활동을 해보세요.

1. 내가 모은 어휘를 2~3개 사용해 요즘 내 마음을 표현하세요.
2. 내가 모은 어휘를 2~3개 사용해 소중한 사람에게 하고 싶은 말을 전
   하세요.

낱말을 살 수 없어 세 낱말로 겨우 마음을 전했던 필레아스. 직접 어
휘를 모아보고 내가 모은 어휘를 활용해 자기 마음을 표현하면서 어린
이들이 자기 안에 많은 어휘를 모아둔다는 것이 얼마나 소중한지 느껴
보면 좋겠습니다.

책 속 어휘를 활용해 이야기 짐작하기

다음은 조금 다르게 사용하는 방법입니다. 아직 읽지 않은 책을 훑
어보며 어휘를 10개 정도 뽑은 후 어휘를 바탕으로 어떤 이야기인지 짐
작해보는 활동입니다. 어른이 먼저 책에서 어휘를 10개 정도 뽑아 제시
하세요. 그 어휘를 쭉 보면서 아이가 어떤 이야기일지 상상해서 말하게
하면 됩니다. 만약 모르는 어휘가 있다면 분명히 질문할 거예요. 이해하
기 쉽게 풀어서 설명해주세요. 이 과정에서 어휘력이 자랄 거예요.

그리고 뽑은 어휘 중 최소 5개 이상을 사용해서 상상한 이야기를 글

로 쓰게 하세요. 내가 상상하는 이야기의 줄거리가 되겠지요. 그래야 어휘가 상상의 매개에서 그치지 않고, 직접 사용될 수 있습니다. 마지막으로는 책을 읽어본 후 어린이가 짐작했던 이야기와 어떻게 다른지 비교하게 해주세요. 이 방식은 아이들의 책 읽기 적극도를 높이는 데도 큰 도움이 됩니다. 내가 짐작한 이야기와 실제 이야기를 비교하며 읽게 되니까요.

다음은 《리보와 앤》(어윤정 글, 문학동네)에서 뽑은 어휘와 그 어휘로 한 어린이가 짐작해본 이야기 줄거리입니다.

뽑은 단어	긴급 상황, 안내 로봇, 재난, 그리움, 감정 센서, 이야기봇, 가슴 스크린, 바이러스, 배터리, 방문객
짐작한 이야기	사람들에게 길을 가르쳐주는 안내 로봇이 있었다. 이 로봇은 감정 센서가 있어 감정을 느낄 수 있었다. 그런데 어느 날 바이러스가 퍼졌다고 했다. 갑자기 길거리에 사람이 없어서 너무 슬펐다. 사람들에 대한 그리움이 생겼다. 그래서 안내 로봇은 병원에 가서 일을 했다. 병원은 바이러스에 감염된 아픈 방문객이 많았다. 안내 로봇은 슬펐다. 그래서 병원에 온 사람들에게 재밌는 이야기를 해주는 이야기봇이 되기로 했다. 그러자 행복해졌다.

이 동화는 바이러스 확산 상황에서 도서관에 남겨진 두 로봇이 사람이 오기를 기다리는 슬프지만 참 예쁜 이야기입니다. 실제 이야기와는 당연히 다르겠지만, 어떤가요? 어린이가 어휘를 사용해서 짐작한 이야기도 충분히 아름답습니다.

책 속 어휘를 활용해 새로운 이야기 짓기

다음은 이야기를 짐작하는 것이 아니라 아예 새로운 이야기를 지어보는 활동입니다. 책에서 모은 어휘들을 보고 자신만의 이야기를 창조해보는 것인데요. 이야기 짓기 활동은 어휘를 습득하기에도, 자신 안에 어렴풋이 저장된 어휘를 사용 어휘로 만드는 데도 효과가 좋은 활동이라고 여러 연구에서 증명된 바 있습니다.

제가 운영하는 독서 교실 어린이들과 《우리 조상들은 얼마나 책을 좋아했을까》(마술 연필 글, 보물창고)에서 뽑은 어휘로 이야기 짓기를 한 적이 있었습니다. 이야기를 짓기 전 먼저 어휘를 활용해 즉흥 상황극을 해보았습니다. 모두 돌아가며 한 가지씩 어휘를 선택해 문장을 만들고 그 문장이 한 편의 이야기로 이어지게 했습니다.

뽑은 단어	정사, 잠행, 극락, 고초를 겪다, 옥체, 세자궁, 병약하다, 관아, 서책, 어의
즉흥극으로 만들어진 이야기	야! 관아에 난리가 났다면서. 세자궁에 도둑이 들었대~. 왜? 무슨 일이야. 누가 서책을 훔쳐갔나 봐! 그래서 임금님이 병약해지신 건가? 아니야, 어제 잠행하고 오셔서 그런 걸 거야. 아이구, 그래도 아프시잖아 돌아가시면 이제 극락세계에 가시겠네. 어의가 못 고친대? 응, 어의도 아프대.

역사 관련 어휘라 다소 어려운 것이 있었기 때문에 미리 뜻을 공부

하고 했지만, 일반적인 어휘라면 꼭 그럴 필요는 없습니다. 미리 진행해 보고 제대로 활용하지 못하는 어휘가 있을 때 그때 함께 사전 등을 활용해 뜻을 찾아보는 것이 좋습니다. 예문과 함께 읽어보면 더 활용이 쉽겠지요.

위 어휘로 즉흥극을 하며 이야기 짓기 활동을 여러 차례 반복하니 서로 사용하는 방식을 보고 배우며 점점 어휘도 자연스럽게 잘 활용하게 되었고 이야기도 점점 진화했습니다. 가정에서도 충분히 할 수 있으니 적극 활용하면 좋겠습니다.

어휘 사용해 문장 쓰기

이야기 짓기를 다소 어려워한다면 어휘 2, 3개 정도만을 활용해 문장을 만들어보는 활동도 괜찮습니다. 한 문장으로 시작해 두 문장 정도로 늘려가세요. 짧은 문장이라 오히려 생각의 힘이 더 필요할 수도 있지만 어린이들은 편하게 느낄 수 있습니다. 책에 나온 어휘로 문장을 만들 때는 여러 형태로 변형해서 사용해도 된다는 것을 알려주세요. 책에 '소박한'이라고 표기된 어휘가 내가 만든 글에서는 '소박해서', '소박하니까' 등으로 바뀔 수 있다는 것입니다. 그래야 문장을 자유롭게 구성할 수 있습니다.

단어 엮어 문장 쓰기

한 아름씩   살랑살랑

꽃을 한 아름씩 들고 가는 사람
들 뒤로 노래가 살랑살랑 따라
갔다.

나부꼈어

상큼

느낌

바람이 많이 부니 빨래줄의
빨래가 바람에 나부꼈다. 상
큼한 빨래향이 느껴졌다. 참
좋은 느낌이었다.

3단계 어휘 탐구하기

어휘 탐구 연필

어휘를 모으기도 하고 사용하기도 해봤다면 이제는 어휘를 탐구할 차례입니다. 사실 어휘는 좋은 문학 작품 읽기를 통해 자연스럽게 습득하는 것이 가장 좋다는 말씀을 여러 차례 드렸습니다. 실제로 새로운 어휘를 각각 다른 문장으로 7번 정도 만나면 사용할 줄 아는 자신의 진짜 어휘가 된다고 합니다. 저 또한 책을 읽으면서 자연스럽게 담아지고 새로 사용하게 되는 어휘가 있다는 것을 독자로, 작가로 살아가면서 종종 느끼고 있습니다. 이것을 조금 더 가속화시키는 활동이 어휘를 집중 탐구해보는 활동입니다.

첫 번째로는 어휘의 사전적 의미, 유의어, 반의어 등을 찾아보고 예문을 옮겨 쓰거나 자신이 만들어보는 활동입니다. 흔히 어휘를 공부한다고 했을 때 자주 쓰는 방식이지만 자칫 어린이들은 지겨워할 수도 있습니다. 어휘의 사전적 의미가 오히려 더 어렵게 느껴질 때도 종종 있고 유의어나 반의어를 찾는 활동은 의미를 찾지 못해 다소 딱딱한 공부처럼 느껴질 수 있기 때문입니다. 그래서 어휘 수집하기, 어휘 사용하기와 같은 앞의 단계가 필요합니다. 어휘와 자연스럽게 친해질 수 있는 활동을 하는 것이지요. 이쯤이면 우리 어린이들도 어휘 수집의 재미와 사용의 중요성을 느꼈기 때문에 조금 더 적극적일 수 있을 거예요.

사전의 경우 종이책은 《보리 국어사전》(토박이 사전 편찬실 글, 보리)이나 《속뜻풀이 초등국어사전》(전광진 글, 속뜻사전교육출판사), 《동아 연세 초등국어사전》(연세대학교 언어정보개발 연구원 글, 동아출판) 등이 초등 어린이에게 적당합니다. 사전 찾기를 아직 못 배웠거나 배웠더라도 다소 어려워한다면 온라인 검색으로 만날 수 있는 네이버 사전, 표준국어대사전, 우리말샘 사이트를 활용하면 좋습니다.

뜻을 분석한 다음에는 ㈜낱말 사이트에서 단어를 검색해서 몇 등급의 단어인지 표기해보는 것도 좋습니다. 이번 장의 서두에 이야기한 김광해 선생님의 분류 등급을 다시 안내하면 아래 표와 같습니다.

★★★	1등급(기초 어휘)
★★	2등급(정규 교육 이전 어휘)
★	3등급(초등 교육 어휘)

이렇게 어휘 하나를 집중 탐구하면 반의어 등의 새로운 어휘도 습득하게 되고, 일상에서도 더 풍성한 대화가 가능해질 거예요.

어휘 탐구 연필

새로 알게 된 어휘를 하나 골라 아래 칸에 쓰고 사전을 통해 유의어, 반의어, 예문 등을 정리해보세요. 내가 찾은 어휘를 더 자세히 알 수 있어요!

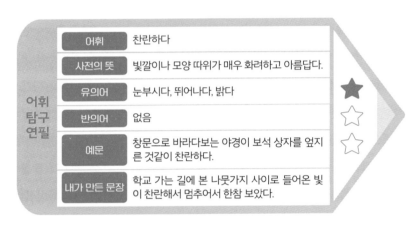

어휘 탐구 연필	어휘	찬란하다
	사전의 뜻	빛깔이나 모양 따위가 매우 화려하고 아름답다.
	유의어	눈부시다, 뛰어나다, 밝다
	반의어	없음
	예문	창문으로 바라다보는 야경이 보석 상자를 엎지른 것같이 찬란하다.
	내가 만든 문장	학교 가는 길에 본 나뭇가지 사이로 들어온 빛이 찬란해서 멈추어서 한참 보았다.

어휘 탐구 연필	어휘	
	사전의 뜻	
	유의어	
	반의어	
	예문	
	내가 만든 문장	

어휘 의미 지도

다음으로는 의미 지도를 만들며 탐구해보는 방식을 알아보겠습니다. 의미 지도 그리기는 어떤 주제를 중심으로 관련 어휘, 사실 등을 쭉 나열하는 방식으로 널리 알려져 있습니다. 앞서 어휘 탐구에서 했던 것처럼 유의어, 반의어를 찾아보고 그 어휘와 관련된 장소나 사람을 떠올리거나, 어휘를 보면 떠오르는 장면이나 느낌, 관련된 물건 등을 생각해보는 것입니다.

이 방식은 하나의 어휘를 자신의 기존 경험 혹은 아는 어휘와 연결 지어봄으로써 어휘를 다채롭게 분석할 수 있게 합니다. 어휘를 조금 더 명확하고도 심층적으로 이해하고 완전한 자기 어휘로 만드는 데에도 도움이 됩니다. 어휘 하나를 깊이 분석해보는 것이므로 앞의 활동 등을 통해 어휘를 많이 습득한 상태에서 시작하는 것이 좋습니다. 이 단계에서는 유의어, 반의어 등을 사전에 나온 것만 쓰기보다 어린이의 모든 경험과 지식을 동원하여 생각하도록 하는 것이 좋습니다. 다소 정확하지 않더라도 어휘 하나를 다각도로 살펴볼 수 있도록 이끌어주세요.

지금까지 소개한 어휘 탐구 연필과 어휘 의미 지도는 어휘 하나를 집중적으로 살펴보는 활동이므로 자칫 지겹게 느껴질 수 있습니다. 어휘 습득이 공부처럼 느껴지지 않도록 어른이 도와주며 함께 재미있게 해보세요.

어휘 의미 지도

새로 알게 된 어휘를 하나 골라 아래 칸에 쓰고 유의어, 반의어, 떠오르는 장소나 물건, 사람, 떠오르는 장면이나 느낌 등을 적어보세요.

비슷한 뜻의 단어	반대 뜻의 단어	떠오르는 장소
간지럽다, 겸연쩍다, 계면쩍다, 어색하다, 수줍다	당당하다, 용기있다	할아버지댁, 학교, 처음 가본 곳

사전에서 찾은 뜻		문장 만들기
하는 짓이나 모양이 자연스럽지 못하여 우습고 싱거운 데가 있다.	쑥스럽다	사람은 누구나 상황에 따라 쑥스러움을 느낄까?

떠오르는 사람이나 물건, 동물	단어와 관련된 경험	떠오르는 장면, 느낌
나, 우리 강아지, 엄마	우리 강아지는 처음 본 사람이 예쁘다고 하면 내 뒤로 숨는다.	교실 앞에 서 있는 내 모습. 떨린다, 긴장된다, 무섭다.

비슷한 뜻의 단어	반대 뜻의 단어	떠오르는 장소

사전에서 찾은 뜻		문장 만들기

떠오르는 사람이나 물건, 동물	단어와 관련된 경험	떠오르는 장면, 느낌

094

시의 어휘 바꾸기

어휘 탐구까지 마쳤다면 어휘가 많을수록 나의 생각 표현이나 글쓰기에 좋다는 것과 어휘를 분석할수록 이해가 깊어지며 더 많은 어휘를 알게 된다는 것을 체득했으리라고 생각합니다. 자신이 아는 어휘를 이제는 새로운 어휘로 바꾸는 활동을 통해 다채롭게 활용하는 법을 익혀 보려고 합니다. 어떤 상황에서 사용되는 어휘가 딱 한 가지만 가능한 것은 아니라는 것을 배울 수 있고 더 나아가 다채롭게 활용하는 법도 배울 수 있습니다.

우선 가장 손쉽게 할 수 있는 방법은 시를 읽으며 시에 사용된 어휘를 바꿔보는 것입니다. 모든 글이 그렇지만 특히 시는 시인이 어휘 하나하나에 의미를 담아 고르고 또 고른 것이기 때문에 독자가 함부로 바꾸는 것이 조심스럽게 느껴질 수 있습니다. 그러나 어휘를 바꿔보기 위해서는 그 시 안에 사용된 어휘, 즉 시어의 의미를 더 깊이 생각해야 하기 때문에 오히려 시를 더 깊이 이해하는 데 도움이 됩니다. 시의 어휘를 바꿔보는 일이 시의 의미를 훼손하는 것이 아니라는 것을 먼저 꼭 알려주세요.

아래 제시된 시의 어휘 3개를 바꾼다고 하면 어떤 과정을 거치게 될까요? '꽉꽉'이라는 의성어를 바꾸기 위해서는 발차기를 할 때 어떤 소리가 날지 상상해봐야 할 것입니다. '문득'이라는 어휘를 바꾸기 위해서는 '문득'의 유의어를 생각해야 하고요. '말했다' 역시 '말하다'의 여러 형태인 '사과했다, 이야기했다, 전했다' 등의 어휘를 떠올려야 합니다. 떠오르지 않으면 사전을 찾아보게 될 수도 있습니다. 어휘 바꾸기 활동을 통해 첫 단계였던 어휘 늘리기부터 활용까지 자연스럽게 되는 셈입니다.

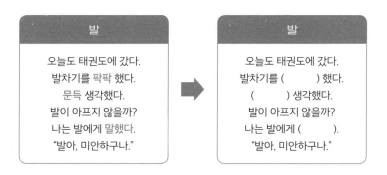

동시집에 실린 시를 소리 내어 읽고 가볍게 구두로 어휘 바꾸기를 해도 됩니다. 어휘를 바꾼 시를 직접 종이에 써보면 자연스럽게 필사가 되어 좋습니다.

이야기의 어휘 바꾸기

시가 아닌 이야기의 어휘를 바꿔봐도 좋습니다. 이야기 역시 어휘를 바꾸기 위해서는 글의 맥락과 어휘의 의미를 파악해야 합니다. 어휘력은 물론 글 이해력에도 도움이 되는 것이지요. 무엇보다 천천히 씹어 읽는 슬로리딩이 자연스럽게 될 수 있습니다.

아래는 안데르센이 지은 〈미운 아기 오리〉의 첫 단락입니다. 제가 어휘 몇 개를 다른 표현으로 바꿔봤습니다. 여러분도 어휘 바꾸기를 염두에 두고 찬찬히 소리 내어 읽어보세요. 아마 나도 모르는 사이 천천히, 그리고 어휘의 의미를 하나하나 생각하며 이야기를 읽게 될 거예요. 또한 의미를 정확히 모르는 어휘는 찾아보고 싶은 마음이 절로 들 가능성이 높습니다.

미운 아기 오리

안데르센

시골은 바깥 풍경이 아름다워요. 어느 여름이었어요. 밀밭은 황금빛으로 반짝였어요. 귀리는 초록빛으로 물들었지요. 그 아래 푸른 초원에는 건초더미가 쌓여 있었어요. 붉은 다리 황새가 종종종 돌아다니며 어미 황새에게 배운 말로 꽥꽥거렸어요. 들판과 초원 주변에는 너른 숲이 우거져 있었고요. 한가운데는 깊은 호수가 여러 개 있었어요. 정말 시골의 바깥 풍경은 너무도 아름다웠지요.

미운 아기 오리

안데르센

시골은 바깥 경치가 아름다워요. 어느 여름이었어요. 밀밭은 황금빛으로 반짝였어요. 귀리는 초록빛으로 물들었지요. 그 아래 푸른 초원에는 건초 더미가 쌓여 있었어요. 붉은 다리 황새가 총총총 돌아다니며 어미 황새에게 배운 말로 꽥꽥거렸어요. 들판과 초원 주변에는 드넓은 숲이 우거져 있었고요. 한가운데는 깊은 호수가 여러 개 있었어요. 정말 시골의 바깥 풍경은 참으로 아름다웠지요.

어린이들이 한창 독서의 재미에 빠져들었을 때 자주 보이는 모습 중 하나가 책을 후루룩 읽어버리는 건데요. 스토리 자체가 궁금해서 책을 읽는 시기이기 때문에 그렇다는 말씀을 앞서 드렸습니다. 이런 모습을 보면 어른들은 책을 대충 읽는 습관이 들까 봐 아이에게 정독하라고 합니다. 문제는 아이들이 정독의 의미를 모른다는 점입니다. 이렇게 여러 가지 활동을 통해 자연스럽게 천천히 읽을 수 있게 하는 것이 훨씬 지혜로운 방법입니다.

〈미운 아기 오리〉 이야기가 아니어도 어린이들이 재미있게 읽은 책을 펼쳐 두고 단어 몇 개를 골라 어떻게 바꿀지 말놀이를 해도 좋습니다. 다른 활동과 마찬가지로 어휘를 찾기 위해 사전을 활용하다 보면 사전 찾기 역시 하나의 놀이가 될 수 있습니다.

5단계 학습 용어 익히기

지금까지 내 세계를 구축하고 나를 표현하는 어휘력을 키우기 위한 방법을 살펴봤습니다. 나를 둘러싼 어휘가 나를 만든다는 점을 꼭 기억하세요. 그런데 초등학생 어린이들은 한 가지 상황을 더 고려해야 합니다. 아이들은 매일 학교에 가고 교과서로 공부합니다. 그 과정에서 수많은 학습 용어를 만납니다. 1, 2학년도 그렇지만 3학년부터 과목이 늘어나면서 더 다양한 분야의 용어를 접하게 됩니다.

학습 용어는 일반 어휘처럼 문학 읽기를 통해 자연스럽게 키울 수 있는 영역이 아닙니다. 사회, 과학, 역사 등 해당 분야에 관심이 있어 관련 도서를 많이 읽었다면 비교적 익숙하겠지만 대부분의 어린이들은 그렇지 않기 때문에 시간을 내어 따로 공부해야 합니다.

모든 분야에 관심을 갖는 어린이는 없습니다. 지극히 당연한 현상이며 어른도 마찬가지입니다. 그렇기에 여러 분야의 용어를 모두 공부해야 하는지, 교과서에 나온다고 하니 교과 이해를 위해서라도 억지로 해야 하는 것인지 의문을 품으실지도 모르겠습니다.

사회과 목차(3~6학년)

학년	1학기	2학기
3학년	1. 우리 고장의 모습 2. 우리가 알아보는 고장 이야기 3. 교통과 통신 수단의 변화	1. 환경에 따른 삶의 모습 2. 시대마다 다른 삶의 모습 3. 가족의 형태와 역할 변화
4학년	1. 지역의 위치와 특성 2. 우리가 알아보는 지역의 역사 3. 지역의 공공기관과 주민 참여	1. 촌락과 도시의 생활 모습 2. 필요한 것의 생산과 교환 3. 사회 변화와 문화의 다양성
5학년	1. 국토와 우리 생활 2. 인권 존중과 정의로운 사회	1. 옛 사람들의 삶과 문화 2. 사회의 새로운 변화와 오늘날의 우리
6학년	1. 우리나라의 정치 발전 2. 우리나라의 경제 발전	1. 세계 여러 나라의 자연과 문화 2. 통일 한국의 미래와 지구촌의 평화

이해를 위해 학습 용어라고 표현해서 학습을 위한 것이라고만 생각할 수도 있지만, 초등 교과에서 배우는 것은 우리가 세상을 살아가는 데 필요한 기초 지식들입니다. 그 기초 지식을 익히는 일은 기초 교양과 상식을 쌓는 일입니다. 즉, 교과 공부를 잘하기 위해 학습 용어를 익히는 것이 아니라 한 사람으로 살아가기 위한 기초 상식과 교양을 위해 최소한의 어휘를 익히는 것입니다. 다만 그 어휘를 초등 교과를 기준으로 할 뿐이지요.

학습 용어를 익히기 위해서는 우선 초등 교과 과정을 알아야 하는데요. 큰 부담 가질 필요 없이 목차를 살펴보고 목차에 언급된 용어만 1차적으로 익혀도 도움이 됩니다. 위 표는 3~6학년 사회과와 과학과 목차입니다. 미리 익히면 좋은 용어는 색으로 표시했습니다.

참고로 초등 1, 2학년 교과서는 글도 많지 않고 어려운 어휘가 드물

과학과 목차 (3~6학년)

학년	1학기	2학기
3학년	1. 과학자는 어떻게 탐구할까요? 2. 물질의 성질 3. 동물의 한살이 4. 자석의 이용 5. 지구의 모습	1. 재미있는 나의 탐구 2. 동물의 생활 3. 지표의 변화 4. 물질의 상태 5. 소리의 성질
4학년	1. 과학자처럼 탐구해 볼까요? 2. 지층과 화석 3. 식물의 한살이 4. 물체의 무게 5. 혼합물의 분리	1. 식물의 생활 2. 물질의 상태 변화 3. 그림자와 거울 4. 화산과 지진 5. 물의 여행
5학년	1. 과학자는 어떻게 탐구할까요? 2. 온도와 열 3. 태양계와 별 4. 용해와 용액 5. 다양한 생물과 우리 생활	1. 재미있는 나의 탐구 2. 생물과 환경 3. 날씨와 우리 생활 4. 물체의 운동 5. 산과 염기
6학년	1. 과학자처럼 탐구해 볼까요? 2. 지구와 달의 운동 3. 여러 가지 기체 4. 식물의 구조와 기능 5. 빛과 렌즈	1. 전기의 이용 2. 계절의 변화 3. 연소와 소화 4. 우리 몸의 구조와 기능 5. 에너지와 생활

기 때문에 교과 어휘에 크게 신경 쓰실 필요는 없습니다.

색으로 표시된 용어를 쭉 읽어보면 쉽게 생각되는 용어도 있을 것입니다. 그런데 학습 용어를 익히는 데 있어서 중요한 것은 그 용어를 어렴풋이 알거나 일상에서 흔히 사용하는 의미로만 아는 것이 아니라 해당 과목에서 어떻게 풀이되고 있는지 아는 것입니다.

예컨대 5학년 2학기 4단원 제목에는 '운동'이 있습니다. 흔히 '운동'은 '사람이 건강을 위해 몸을 움직여서 하는 행위'의 의미로 널리 사용이 되고 있으나 과학과에서는 '공간과 시간에 따른 위치의 변화'라고 풀이됩니다. 이렇게 해당 과목에서의 풀이를 익히는 것이 용어의 의미를 폭넓게 이해하는 데 있어서 중요합니다.

학습 용어를 익혀볼 수 있도록 풀이를 함께 실었습니다. 교과서는 학년간 연계성을 중요시하기 때문에 같은 용어가 매 학년 반복되어 나오거나 기초 용어를 이해하고 있다는 전제로 교과 과정이 전개됩니다. 어린이들과 용어 학습을 해보면 6학년인데 3학년 교과에 등장하는 어휘를 정확한 개념과 연결해 이해하지 못하는 경우도 많습니다. 이러한 이유로 학년 구분 없이 정리했으니 전 학년 모두 반복해서 살펴보면 좋겠습니다.

초등 사회 기초 용어 24	
고장	사람이 많이 사는 지방이나 지역
환경	생물에게 직·간접으로 영향을 주는 자연적 조건이나 사회적 상황
삶	사는 일, 또는 살아 있음
시대	역사적으로 어떤 표준에 의하여 구분한 일정한 기간 지금 있는 그 시기. 또는 문제가 되고 있는 그 시기
교통	자동차·기차·배·비행기 따위를 이용하여 사람이 오가거나, 짐을 실어 나르는 일
통신	소식을 전하는 것, 우편이나 전화·이메일 등으로 정보나 생각을 전하는 것
형태	어떠한 구조나 전체를 이루고 있는 구성체가 일정하게 갖추고 있는 모양
역할	맡은 자리에서 자기가 마땅히 하여야 하는 일
지역	전체 사회를 어떤 특징으로 나눈 일정한 공간 영역
촌락	주로 시골에서, 여러 집이 모여 사는 곳, 시골

도시	일정한 지역의 정치·경제·문화의 중심이 되는, 사람이 많이 사는 지역
생산	인간이 생활하는 데 필요한 각종 물건을 만들어내는 일
교환	서로 주고받는 일
공공기관	개인이 아닌 사회 모든 사람들의 이익을 위해 일하는 기관
주민	일정한 지역에 살고 있는 사람
문화	사람들이 삶을 살아가면서 만들어진 물질이나 정신적인 모든 것
국토	나라의 땅. 나라의 통치권이 미치는 지역
인권	인간으로서 당연히 가지는 기본적인 권리
정의	진리에 맞는 올바른 도리, 바른 의의
정치	나라를 다스리는 일. 국가의 권력을 가지고 유지하며 행사하는 활동
자연	저절로 생겨난 산, 강, 바다, 식물, 동물 따위
경제	인간의 생활에 필요한 것을 만들고 나누고 쓰는 모든 활동
통일	나누어진 것들을 합쳐서 하나의 조직·체계 아래로 모이게 함
지구촌	지구 전체를 한 마을처럼 여겨 이르는 말

초등 과학 기초 용어 40	
과학자	연구를 통해 과학 지식을 탐구하는 사람
탐구	진리, 학문 따위를 파고들어 깊이 연구함
물질	물체를 이루고 있는 재료, 또는 그 본바탕
성질	물질마다 지니고 있는 고유한 특성
동물	사람을 제외한 길짐승, 날짐승, 물짐승 따위를 통틀어 이르는 말
한살이	세상에 태어나서 죽을 때까지의 동안
지표	땅의 겉면. 바위, 돌, 흙 등
자석	쇳조각을 끌어당기는 물질
상태	사물·현상이 놓여 있는 모양이나 형편
지구	태양에서 셋째로 가까운 행성. 인류가 사는 천체로, 달을 위성으로 가진다.

지층	자갈, 모래, 진흙 등이 땅 위에 쌓여 층을 이루고 있는 것
화석	옛날에 살았던 동식물의 몸체나 그 흔적이 암석이나 지층 속에 남아 있는 것
식물	잎을 통해 물과 이산화탄소와 햇빛으로 산소와 포도당을 만들어 스스로 살아가는 생물
물체	구체적인 형태를 가지고 있는 것
무게	물건의 무거운 정도
화산	땅속의 마그마가 지표면으로 분출하여 생기는 것
지진	땅이 갈라지며 흔들리는 현상
혼합물	두 가지 이상의 순수한 물질이 섞여 있는 물질
온도	어떤 물체의 차갑고 뜨거운 정도를 숫자로 나타낸 것
열	물체의 온도를 높이거나 상태를 변화시키는 에너지
생물	생명을 가지고 스스로 살아가는 것
환경	생물을 둘러싸고 있으며 생물이 살아가는 데 직·간접적으로 영향을 끼치는 모든 것
태양계	태양과 태양의 영향을 받는 천체들 그리고 그 공간
별	태양처럼 스스로 빛을 내는 천체
날씨	그날그날의 비, 구름, 바람, 기온 따위가 나타나는 기상 상태
용해	어떤 물질이 다른 물질에 녹아 골고루 섞이는 현상
용액	녹는 물질(용질)이 녹이는 물질(용매)에 골고루 섞여 있는 물질
운동	물체의 위치가 변하는 것
산	물에 녹아 산성을 나타내는, 주로 신맛이 나는 물질
염기	물에 녹아 염기성을 나타내는, 주로 미끈미끈한 물질
전기	전자가 이동하면서 생기는 번개와 같은 기운, 에너지
달	지구의 위성이자 태양계의 가장 안쪽에 있는 위성
계절	규칙적으로 되풀이되는 자연 현상에 따라서 일 년을 구분한 것
기체	담는 그릇에 따라 모양이 변하고 그릇을 항상 가득 채우는 물질의 상태
연소	물질이 산소와 만나 빛과 열을 내면서 타는 것

소화	불을 끄는 것
구조	어떤 것을 이루는 부분이나 요소
빛	시각 신경을 자극하여 물체를 볼 수 있게 하는 일종의 전자기파
렌즈	빛을 모으거나 분산하기 위하여 수정이나 유리를 갈아서 만든 투명한 물체
에너지	기계를 움직이거나 생물이 살아가는 데 필요한 것

사회 기초 용어 24개, 과학 기초 용어 40개의 뜻을 한번 쭈욱 읽어 보세요. 되도록 쉽게 풀이하였으나 몇 번씩 곱씹어야 이해가 되는 용어도 있을 것입니다. 이 기초 용어만 잘 익혀도 말 그대로 기초적인 교과 상식을 얻을 수 있습니다.

중요한 것은 용어를 익히는 방식입니다. 들어본 적이 있을지라도 학습 용어 자체를 일상에서 자주 사용하지 않기 때문에 익숙해지는 것이 우선입니다. 그다음으로는 철자법에 따라 정확히 쓸 줄 알아야 하고요. 뜻풀이를 듣고 용어를 떠올릴 줄 알아야 하고, 반대로 용어의 뜻을 설명할 줄 알아야 합니다. 마지막으로 용어를 실제 사용해보면 좋겠지요.

결국 반복해서 익힐 필요가 있는데요. 약간 두꺼운 종이를 작게 잘라 앞면은 용어, 뒷면은 뜻을 써서 용어 카드를 만든 후에 가족이 함께하는 용어 맞히기 게임을 가장 추천하고 싶습니다. 작은 수첩을 마련해 오른쪽 페이지에는 뜻을 쓰고 한 장 넘긴 후 왼쪽 페이지에는 그 뜻에 해당하는 용어를 써보세요. 뜻을 먼저 읽고 한 장 넘겨 바로 용어를 확인할 수 있는 용어 수첩이 됩니다. 만들면서 이미 한 번 익힐 수 있고 어른의 도움 없이 스스로 반복 학습할 수 있어 좋습니다.

사회 기초 용어 24 카드

고장	환경	삶	시대	교통
형태	역할	지역	촌락	도시
교환	공공기관	주민	문화	국토
정의	정치	자연	경제	통일
통신	생산	지구촌	인권	

과학 기초 용어 40 카드

과학자	탐구	물질	성질	동물	한살이
지표	자석	상태	지구	지층	화석
식물	물체	무게	화산	지진	혼합물
온도	열	생물	환경	태양계	별
날씨	용해	용액	운동	산	염기
전기	달	계절	기체	연소	소화
구조	빛	렌즈	에너지		

여러 가지 활동을 통해 용어에 익숙해졌다면 용어를 5개 정도 골라 이야기도 지어보세요. 처음이라 다소 어색하게 지었다면 다음에 다시 활용해보도록 합니다. 한 번도 사용하지 않은 용어로 이야기 짓기를 여러 차례 하는 것도 용어를 이해하는 데 좋습니다.

사회 기초 용어 이야기 짓기

다음 사회 용어 24개 중에서 5개가 들어가도록 이야기를 만들어보세요. 실제 있었던 일도 좋고 만들어낸 이야기도 좋아요.

고장	환경	삶	시대	교통
통신	형태	역할	지역	촌락
도시	생산	교환	공공기관	
주민	문화	국토	인권	정의
정치	자연	경제	통일	지구촌

과학 기초 용어 이야기 짓기

다음 과학 용어 40개 중에서 5개 이상 들어가도록 이야기를 만들어보세요. 실제 있었던 일도 좋고 만들어낸 이야기도 좋아요.

과학자	탐구	물질	성질	동물
한살이	지표	자석	상태	지구
지층	화석	식물	물체	무게
화산	지진	혼합물	온도	열
생물	환경	태양계	별	날씨
용해	용액	운동	산	염기	전기
달	계절	기체	연소	소화
구조	빛	렌즈	에너지	

6단계 나만의 용어 정리

마지막 단계는 비문학 도서를 읽고 나만의 종류별 용어 책갈피를 만드는 활동을 통해 학습 용어를 포함하여 다양한 용어를 익혀보는 것입니다.

5단계에서 했던 활동이 용어와 뜻이 이미 제시된 상태에서 익힌 것이라면 이 단계에서는 책을 통해 용어의 뜻을 익혀보는 것입니다. 보통 비문학 도서는 관련 용어가 끊임없이 제시되며 이해를 돕기 위해 스토리텔링 방식으로 용어를 쉽게 설명해주는 경우가 많습니다. 그래서 더 쉽고 깊이 있게 용어를 이해할 수 있을 뿐만 아니라 책 한 권을 읽어낼 수 있습니다.

아래는 제가 《용선생의 시끌벅적 과학교실 7 : 습도와 구름》(사회평론 과학교육 연구소 글, 사회평론)을 읽으며 뽑아본 과학 용어입니다. 날씨 관련 도서이기 때문에 정확히 말하면 날씨 관련 용어들이지요. 용어와 용어의 뜻을 정리하기 위해서 아이는 책에 몰입하며 정독하게 됩니다. 그뿐 아니라 용어의 뜻을 간결히 정리하는 과정에서 같은 부분을 여러

용선생의 시끌벅적 과학 교실 7
습도와 구름

물고기 비	비에 물고기가 섞여 떨어지는 현상. 주로 바다 근처 지역에서 일어난다.
용오름	바다 위에서 토네이도가 생기는 현상
토네이도	넓고 평평한 육지나 바다에서 생기는 아주 강한 회오리바람
증발	액체 상태에서 기체 상태로 변하는 현상
수증기	물이 기체가 된 것. 보이지 않는다.
습도	공기 중에 수증기나 얼마나 많은지 나타내주는 것
불쾌지수	날씨에 따라서 사람이 불쾌감을 느끼는 정도를 기온과 습도를 이용하여 나타내는 수치
습도계	습도를 측정하는 장치
제습기	습기를 없애주는 물건
안개	공기 중의 수증기가 아주 작은 물방울로 변해 떠 있는 현상
빙정	구름 속에 있는 작은 얼음 알갱이
지표면	지구의 표면
부피	물체가 차지하는 공간
나이테	나무를 가로로 잘랐을 때 보이는 동심원 모양의 테
상승 기류	위쪽으로 올라가는 공기의 흐름
우박	구름 속의 빙정이 오르내리며 커져 생긴 얼음 덩어리

번 반복해서 읽으면서 자신의 말로 쓰는 연습, 즉 요약의 기초도 훈련하게 됩니다. 그 어떤 공부보다 훌륭한 공부가 되는 것은 물론 적극적 책 읽기도 하게 되는 것이지요.

해당 분야에 지대한 관심이 있는 소수의 어린이를 제외한 보통의 아이들은 비문학을 즐겨 읽지 않습니다. 관심 분야가 아니므로 즐겨 읽을 수도 없습니다. 그럴 때는 차라리 한 권을 제대로 읽겠다는 목적을 가지고 이렇게 읽으면서 책갈피를 만들어보면 좋습니다. 책갈피를 모아서 역시 5단계에서처럼 가족과 함께 문제를 내고 맞히며 놀고, 용어로 이야기 짓기를 하며 적극적으로 활용하세요. 다른 관련 도서를 읽을 때 말 그대로 책갈피로 사용하면 읽기에 도움이 됩니다.

5단계에서 소개한 과학, 사회 분야뿐 아니라 그 어떤 분야든 가능하니 다양한 도서를 골라 읽고 책갈피를 만들어보세요. 분야별로 모으면 청소년기까지 사용 가능한 너무도 훌륭한 자신의 비문학 용어 책갈피가 될 거예요.

4장

읽기에서 독서로 나아가는 6단계 로드맵

읽기 문해력

1 해독
단계

2 유창
읽기
단계

3 묵독
단계

4 내용
이해
단계

5 구조
파악
단계

6 주제
파악
단계

책 읽기의
시작

독서의 시작은 언제일까요? 독서는 듣기, 말하기에서 시작되어 읽기, 쓰기로 나아가는 것이므로 듣기가 가능한 태아 때부터 시작됩니다. 그렇다면 읽기의 시작은 언제일까요? 읽기는 흔히 한글 떼기라고 불리는, 자음과 모음을 인식하는 것에서 시작됩니다. 자음과 모음의 이름을 알고 조합하여 글자가 된다는 것을 알아야 읽기라는 행위가 가능하고, 글자가 모여 이루어진 문장과 그 문장이 모여 만들어진 글이 의미를 담고 있다는 것을 인지해야 독서가 가능해집니다.

독서의 기본이 되는 한글 읽기부터 시작해, 책 읽기를 통해 자신의 견해를 만드는 본래 독서의 의미를 달성하기 위해서는 최소 6~7년이라는 시간이 필요합니다. 독서를 통해 자신의 견해를 만들어가는 것은 평생 해야 하는 일이고 평생에 걸쳐 발달합니다. 다만, 기초적인 틀이 완성되는 시기를 초등학교 6학년 정도로 보고 독서를 도와야 그 이후에 발달이 가속화됩니다.

1단계 글자를 읽으며 글을 해독하는 단계

읽기의 시작은 흔히 말하는 한글 깨치기입니다. 자음과 모음의 형태를 눈으로 인식하고 글자와 소리를 대응하여 정확하게 읽을 줄 알아야 하며, 자음과 모음의 조합 원리를 알고 읽을 수 있도록 도와주어야 합니다. 자모음을 읽어야 조합이 된 음절을 읽고 단어를 읽으며 더 나아가 문장과 문단 읽기가 가능해지고 그래야 최종적으로 글 읽기가 가능해지기 때문입니다.

읽기 발달 솔루션

다음 페이지의 세 가지 읽기표를 활용해 소리 내어 읽기 연습을 합니다. 어른이 먼저 읽어주고 따라 읽게 하기, 잘 읽은 칸은 펜으로 지워가며 효능감 느껴보기, 몇 개 칸만 비워두고 써보게 하기, 칸 안의 글자로 시작하는 단어 말해보기, 칸 안의 글자를 골라 의미 있는 단어 만들어보기 등의 활동을 순차적으로 하며 자연스럽게 익힐 수 있도록 도와주세요.

자음과 모음 조합 읽기표

	ㄱ	ㄴ	ㄷ	ㄹ	ㅁ	ㅂ	ㅅ	ㅇ	ㅈ	ㅊ	ㅋ	ㅌ	ㅍ	ㅎ
ㅏ	가	나	다	라	마	바	사	아	자	차	카	타	파	하
ㅑ	갸	냐	댜	랴	먀	뱌	샤	야	쟈	챠	캬	탸	퍄	햐
ㅓ	거	너	더	러	머	버	서	어	저	처	커	터	퍼	허
ㅕ	겨	녀	뎌	려	며	벼	셔	여	져	쳐	켜	텨	펴	혀
ㅗ	고	노	도	로	모	보	소	오	조	초	코	토	포	호
ㅛ	교	뇨	됴	료	묘	뵤	쇼	요	죠	쵸	쿄	툐	표	효
ㅜ	구	누	두	루	무	부	수	우	주	추	쿠	투	푸	후
ㅠ	규	뉴	듀	류	뮤	뷰	슈	유	쥬	츄	큐	튜	퓨	휴
ㅡ	그	느	드	르	므	브	스	으	즈	츠	크	트	프	흐
ㅣ	기	니	디	리	미	비	시	이	지	치	키	티	피	히

자음과 이중 모음 조합 읽기표

	ㄱ	ㄴ	ㄷ	ㄹ	ㅁ	ㅂ	ㅅ	ㅇ	ㅈ	ㅊ	ㅋ	ㅌ	ㅍ	ㅎ
ㅐ	개	내	대	래	매	배	새	애	재	채	캐	태	패	해
ㅒ	걔	냬	댸	럐	먜	뱨	섀	얘	쟤	챼	컈	턔	퍠	햬
ㅔ	게	네	데	레	메	베	세	에	제	체	케	테	페	헤
ㅖ	계	녜	뎨	례	몌	볘	셰	예	졔	쳬	켸	톄	폐	혜
ㅘ	과	놔	돠	롸	뫄	봐	솨	와	좌	촤	콰	톼	퐈	화
ㅙ	괘	놰	돼	뢔	뫠	봬	쇄	왜	좨	쵀	쾌	퇘	퐤	홰
ㅚ	괴	뇌	되	뢰	뫼	뵈	쇠	외	죄	최	쾨	퇴	푀	회
ㅝ	궈	눠	둬	뤄	뭐	붜	쉬	워	줘	춰	쿼	퉈	풔	훠
ㅞ	궤	눼	뒈	뤠	뭬	붸	쉐	웨	줴	췌	퀘	퉤	풰	훼
ㅟ	귀	뉘	뒤	뤼	뮈	뷔	쉬	위	쥐	취	퀴	튀	퓌	휘
ㅢ	긔	늬	듸	릐	믜	븨	싀	의	즤	츼	킈	틔	픠	희

받침 넣어 읽기표

	가	나	다	라	마	바	사	아	자	차	카	타	파	하
ㄱ	각	낙	닥	락	막	박	삭	악	작	착	칵	탁	팍	학
ㄴ	간	난	단	란	만	반	산	안	잔	찬	칸	탄	판	한
ㄷ	갇	낟	닫	랃	맏	받	삳	앋	잗	찯	칻	탇	팓	핟
ㄹ	갈	날	달	랄	말	발	살	알	잘	찰	칼	탈	팔	할
ㅁ	감	남	담	람	맘	밤	삼	암	잠	참	캄	탐	팜	함
ㅂ	갑	납	답	랍	맙	밥	삽	압	잡	찹	캅	탑	팝	합
ㅅ	갓	낫	닷	랏	맛	밧	삿	앗	잣	찻	캇	탓	팟	핫
ㅇ	강	낭	당	랑	망	방	상	앙	장	창	캉	탕	팡	항
ㅈ	갖	낮	닺	랒	맞	밪	샂	앚	잦	찾	캊	탖	팢	핮
ㅊ	갗	낯	닻	랓	맟	밫	샃	앛	잧	찿	캋	탗	팣	핯
ㅋ	갘	낰	닼	랔	맠	밬	샄	앜	잨	챀	캌	탘	팤	핰
ㅌ	같	낱	닽	랕	맡	밭	샅	앝	잩	챁	캍	탙	팥	핱
ㅍ	갚	낲	닾	랖	맢	밮	샆	앞	잪	챂	캎	탚	팦	핲
ㅎ	갛	낳	닿	랗	맣	밯	샇	앟	잫	챃	캏	낳	팧	핳

자음과 모음, 받침의 조합 원리 이해하기와 정확히 읽는 연습은 읽기를 완성하는 기본이므로 위 표의 글자들을 모두 읽을 줄 알아야 합니다. 다만, 이 활동은 다소 학습적인 느낌이 들기 마련입니다. 무엇보다 조합 원리를 배우기 위해 실제로는 사용하지 않는 글자도 알아야 한다는 단점이 있습니다.

읽기 교육은 기본적으로 재미있어야 이후 독서로 자연스럽게 연결될 수 있습니다. 그래서 가능하면 재미있게 할 수 있는 활동을 찾아보는 것이 좋은데요. 온라인으로 구매가 가능한 '라온보드게임'을 활용하는 방법이 있습니다. 자음 44자, 모음 36자가 타일로 구성된 이 제품은 타일을 조합하면서 자음 모음 대응과 조합 등을 해볼 수 있는 게임입니다. 어른이 불러주는 단어 만들어보기부터 간단한 문장 만들기까지 놀이하며 익힐 수 있으니 한번 활용해보세요.

한글 관련 그림책을 읽어주는 것도 좋습니다. 글자의 모양이나 생성 원리 등이 그림으로 재미있게 표현되어 있어 보는 것만으로도 도움이 됩니다.

구분	도서명	저자	출판사
한글 관련 그림책	기차 ㄱㄴㄷ	박은영	비룡소
	생각하는 ㄱㄴㄷ	이지원	논장
	소리치자 가나다	백은희	비룡소
	냠냠 한글 가나다	정낙묵	고인돌

놀이와 활동을 병행하며 읽기 연습을 하면 어느새 이 과정이 자동화가 됩니다. 자음과 모음의 대응, 초성과 중성, 종성의 조합의 원리를 알게 되므로 의미가 있거나 익숙하게 알고 있는 단어는 물론 처음 보는 단어, 의미가 없는 단어도 모두 읽을 수 있고 단어가 개별적으로 있든 문장 안에 있든 정확한 발음으로 읽고 뜻도 알게 됩니다. 이 과정이 완성되어야, 글자를 해독하는 데 인지 자원을 쓰지 않기 때문에 문장도 읽어

낼 수 있게 됩니다.

　만약 아이의 글 해득 정도가 궁금하다면 웰리미 사이트(https://hg.mirae-n.com/index.mrn)에서 검사해보셔도 좋습니다. 한글 해득 준비도부터 음운 인식, 해독 및 낱말 재인, 문장 청해, 글자 쓰기와 유창성까지 진단하여 결과를 바로 확인해볼 수 있습니다. 한 가지 기억할 점은 읽기, 독서와 관련된 모든 테스트는 어린이의 현재 상황을 파악해 도움을 주기 위한 것이지 평가 자체가 주된 목적은 아니라는 것입니다. 결과를 보고 지나치게 안심할 필요도, 불안할 필요도 없습니다. 상황에 맞는 적절한 도움을 주는 데 집중하시면 좋겠습니다.

2단계 문장을 유창하게 읽는 단계

글자를 읽게 되었다면 다음은 문장을 읽을 차례입니다. 문장은 글을 구성하는 기본 단위입니다. 물론 낱말과 자모음도 엄밀히 말하면 글을 구성하는 요소에 포함됩니다. 그러나 일반적으로 우리가 '글을 읽는다' 고 했을 때에 의미를 갖는 기본 구성은 하나의 문장입니다. 이 문장을 유창하게 읽어야 의미를 이해할 수 있고 문장이 모인 글도 이해할 수 있게 됩니다.

그렇다면 유창하게 읽는다는 것은 어떤 의미일까요? 문장을 적절한 속도로, 적당한 운율감을 가지고 정확하게 읽는 것을 말합니다. 그래야 문장에 담긴 의미를 이해할 수 있습니다. 예컨대, '나는 오늘 학교에 가서 맛있는 급식도 먹고 재미있는 공부도 했다'라는 문장을 읽는다고 해보겠습니다. 한 글자 한 글자 더듬더듬 읽는다면 아직 이전 단계가 완성되지 않았다고 생각하면 됩니다. 글자 하나하나 해독하는 것 자체에 주의를 기울이고 있기 때문에 당연히 의미도 이해되지 않을 거예요. 반면에 '나는 오늘 / 학교에 가서 / 맛있는 급식도 먹고 / 재미있는 공부도 했다' 이렇게 의미 단위로 적절히 끊어 읽는다면 문장 전체를 유창하게 읽는다는 뜻이고 이렇게 읽었을 때 문장의 의미를 알 수 있습니다.

우선 유창하게 읽기를 도와주기 위한 손쉬운 방법은 유창하게 읽을 줄 아는 어른이 시범을 보여주는 것입니다. 이를 자연스럽게 할 수 있는 상황은 우리가 잘 아는 것처럼 책 읽어주기입니다. 저는 이를 귀독서라고 부르는데요. 귀독서 의미에 대해서는 이 책의 1장 가족 독서 부분에서 이야기했으니 참고해주시면 좋겠습니다.

이 장에서 귀독서의 목적은 어린이가 유창하게 읽기를 돕기 위한 것이므로 책을 읽는 어른이 먼저 유창하게 읽어야 합니다. 적절한 속도와 정확한 발음으로 읽어야 한다는 것을 꼭 기억하세요.

다음으로는 들은 대로 따라 말하기를 해봅니다. 어른이 문장을 읽고 어린이가 그대로 따라하는 것입니다. 유창성 훈련을 위해 의도적으로 한다는 느낌이 들면 어린이들은 금방 눈치 채고 지루해할 수 있습니다. 당연한 이야기지만 읽기 교육은 자연스럽게 스며들 듯해야 합니다. 그래야 읽기 자체가 공부가 되지 않고 재미있는 일로 인식되고, 그것이 앞으로 어린이들이 독자가 되는 데 있어 긍정적 정서를 갖도록 돕기 때문입니다.

그렇다면 자연스럽고도 재미있게 할 수 있는 방법이 무엇인지 고민해봐야겠지요? 저는 동시집을 추천합니다. 동시는 본래 낭송하기 좋은 텍스트이기 때문에 소리 내어 읽는 것이 자연스럽습니다. 펼치는 순간 자신도 모르게 소리 내어 읽고 싶은 마음이 드는 것이 동시집이기도 하지요.

어른이 먼저 운율을 살려 읽어주세요. 그리고 한 행씩 따라 읽게 합니다. 그다음으로는 같이 책을 보며 번갈아 읽어보세요. 마지막으로는 어린이 스스로 동시 한 편을 재미있게 낭송하게 도와주세요. 책을 보면서 낭송하는 걸 즐거워하면 암송에 도전해보는 것도 괜찮습니다. 즐거운 놀이 속에서 자연스럽게 유창성 연습이 됩니다.

구분	도서명	저자	출판사
동요·동시 참고도서	글자 동물원	이안	문학동네
	말놀이 동요집	최승호, 방시혁	비룡소
	끝말 잇기 동시집	박성우	비룡소
	나는 나는 1학년	신형건	끝없는이야기

그림책을 활용하는 것도 좋습니다. 한 페이지에 한두 문장 정도 나온 그림책을 골라 읽어주는 것만으로도 좋은 유창성 훈련이 됩니다. 그림책은 이야기를 끌어가는 그림이 전면에 제시되기 때문에 누군가 글을 읽어주면 귀로는 이야기를 듣고 동시에 눈은 그림을 향하게 됩니다. 귀로 들어오는 소리, 눈으로 보는 그림이 화학작용을 일으켜 책이 의미하는 바를 더 깊이 이해하게 됩니다.

특히 그림책은 처음부터 끝까지 하나의 서사가 있지요. 어른이 먼저 유창하게 한 번 읽고 나면 곁에서 귀독서를 한 어린이는 그림책의 서사를 이해하게 됩니다. 그 상태로 스스로 읽으면 처음 읽는 그림책이라고 해도 처음부터 혼자 읽었을 때보다 유창하게 읽을 가능성이 높습니다. 전체 내용을 대략 알고 있으면 현재 읽고 있는 부분에 대한 이해도가 높아지기 때문입니다. 어린이 스스로 여러 번 반복해서 읽은 책은 유창하게 읽을 가능성이 높다는 점을 생각하면 이해되시겠지요?

아래는 유창하게 읽기 연습 단계의 어린이들이 스스로 소리 내어 끝까지 읽어볼 때 시작하기 좋은 그림책들입니다. 운율감도 있고 문장의 길이도 적당한 책입니다. 아래 책을 유창하게 읽는 것이 가능해지면 글의 양이 조금 더 많은 그림책을 찾아 귀독서와 스스로 읽기를 반복하게 해주세요.

구분	도서명	저자	출판사
읽기 연습 단계 어린이를 위한 그림책	누구랑 가?	백미숙	리틀씨앤톡
	왜 우니?	소복이	사계절
	미안해	김병하	한울림어린이
	훨훨 간다	권정생	국민서관

유창하게 읽기 연습을 해볼 수 있는 책으로는 희곡집도 있습니다. 희곡집은 연극하기 위한 대본이므로 역할을 맡아 번갈아 가며 읽기 좋습니다. 동시집을 읽는 것만큼이나 운율감이 있고 재미있게 읽을 수 있습니다. 말 그대로 연극하듯 읽는 거라 꽤 많은 양을 읽으며 연습할 수도 있습니다. 둘이 해도 좋고 만약 여러 사람이 돌아가며 읽을 수 있는

환경이라면 각자 역할을 맡아 연극하면서 어린이의 읽기 유창성을 도와주세요.

구분	도서명	저자	출판사
어린이 희곡집	콩이네 옆집이 수상하다	김수희	문학동네
	하루와 미요	김수희	문학동네
	돌 씹어 먹는 아이	송미경	문학동네

전래 동화 또한 유창하게 읽기 단계에서 활용하기 좋습니다. 대체로 구어로 되어 있고 운율감 있는 짧은 문장, 반복되는 어휘 등으로 인해 읽는 맛이 나는 책이 전래 동화입니다. 단행본으로 된 책도 좋고, 아래 소개하는 책처럼 여러 전래 동화를 모은 모음집도 좋습니다. 전래 동화 단행본은 이 책의 '문학 읽기 6단계 로드맵'에서 2단계 읽기로 소개하는 도서들을 참고해주세요.

구분	도서명	저자	출판사
전래 동화 참고도서	교과서 전래 동화	이상교	미래엔아이세움
	세계 전래 동화	엄혜숙	미래엔아이세움

위 동화책은 각 20여 편의 동화가 실린 모음집입니다. 한 페이지 안

에 4~6줄 정도의 글이 있습니다. 주의할 점은 동화책의 경우 동시집이나 그림책에 비해 모르는 낱말이 더 많을 가능성이 있기 때문에 책에 실린 낱말부터 유창하게 읽는 것을 연습해야 합니다. 모르는 낱말을 유창하게 읽지 못하면 문장을 읽으면서 계속 머뭇거리거나 더듬거리게 됩니다. 길을 가다 돌덩이를 계속 만나면 내 속도대로 걸을 수 없는 것과 같은 이치입니다.

책을 펼쳐 우선 낯선 단어부터 찾게 하세요. 낯설어할 만한 단어를 어른이 먼저 찾아주셔도 좋습니다. 그 단어를 또박또박 읽어주고 뜻을 쉽고 재미있게 설명해주세요. 예컨대, '총명하다'라는 말의 뜻을 모른다면 소리 내어 읽어준 뒤, "꽤 지혜롭고 똑똑하다는 뜻이야"라고 이해하기 쉽게 알려주세요. 이때 꼭 국어사전의 뜻을 말할 필요는 없습니다. 국어사전의 해석이 이 단계의 어린이에게는 오히려 더 어렵게 느껴지기 때문입니다.

모르는 단어가 많다면 이런 방법으로는 부족할 수 있습니다. 그럴 때는 명함 크기의 빈 종이에 책에서 찾은 낯선 단어를 써서 집 안 곳곳에 붙여주세요. 한글을 처음 배울 때 한글 기호를 익히기 위해 집 곳곳에 단어 카드를 붙여두는 것처럼 이 단계에서는 낯선 어휘에 익숙해지기 위해 붙여두는 것입니다. 그리고 오며 가며 읽어주기도 하고, 대화 속에서 그 단어를 자연스럽게 사용하세요. 어린이가 뜻을 물어보면 또 쉽게 풀어 설명해주세요. 뜻에 대한 설명도 듣고 지나다니며 보는 과정에서 눈으로도 익숙해진 단어는 유창하게 읽을 수 있게 됩니다. 그러고 나서 그 단어를 뽑았던 책을 읽어주면 들을 때도 귀에 쏙 들어오고 스스로 유창하게 읽을 수 있습니다.

유창하게 읽기 연습을 할 수 있는 다양한 텍스트와 방법을 소개해 드렸는데요. 주의할 점이 있습니다. 즐겁고 행복한 귀독서 시간에 책을 읽어주다가 유창하게 읽지 못하는 아이를 보고 갑자기 읽기 연습을 하게 된다는 부모님을 종종 만납니다. 책을 읽다 갑자기 읽기 연습을 하면 어린이들은 책 읽기를 공부나 훈련으로 인식하게 됩니다. 실제 이 시기에 단행본을 통해 읽기 연습을 하면서 책을 읽기 훈련 교재나 학습지로 인식하여 독서 정서가 나빠지는 어린이를 많이 봤습니다.

귀독서 시간은 우선 책을 통해 소통하는 편안하고 즐거운 시간이 되어야 합니다. 어린이들은 자신의 유창성을 훈련하기 위한 목적, 읽기 능력을 높이기 위한 목적으로 독서하는 것이 아니라 내용 그 자체의 재미와 감동 때문에 책을 읽기 때문입니다. 다만 어른들은 어린이의 읽기 발달을 도와주어야 하기 때문에 즐거운 상황 속에서도 어린이의 읽기 유창성 정도를 파악하여 은근히 보조하는 것입니다.

만약 귀독서를 통해 자연스럽게 연습하는 것이 어렵거나 잘 되지 않는다면 시중에서 쉽게 구할 수 있는 문제집을 구해 차라리 읽기 연습 시간을 따로 갖는 것도 나쁘지 않습니다. 우선 학년에 맞는 책에서 지문을 하나 골라, 소리 내어 읽어보게 합니다. 그리고 아래 내용을 파악해주세요.

① 의미 단위 끊어 읽기를 하는지
② 조사를 바꾸거나 빠뜨리지는 않는지

③ 어미를 바꾸어 읽지는 않는지

④ 줄을 놓치거나 뛰어넘고도 스스로 그 사실을 모르고 읽지는 않는지

⑤ 상황을 고려하여 적절히 구연하는지

이런 점을 주의해 들으면서 틀리는 부분은 부모님만 보이도록 문제집에 체크하세요. 그리고 위 항목이 아니어도 틀리는 부분이 있다면 메모합니다. 다 읽은 후에는 틀린 부분을 중점적으로 바르고 유창하게 다시 읽어주고 따라 읽게 하세요.

이 과정은 모두 지적이 아니라 도움을 준다는 태도로, 부드럽게 진행해야 합니다. 길을 가다 넘어진 아이에게 왜 넘어졌는지 탓하지 않고, 넘어진 것을 지적하지 않고 일으켜주듯이 이 과정도 어린이의 읽기 성장을 도와주는 분위기 속에서 이루어져야 합니다. 그래야 읽기에 위축되지 않습니다.

만약 부드러운 분위기 속에서도 자신의 읽기 능력을 평가받는다는 것에 부담을 느끼거나 민감한 어린이의 경우에는 귀독서 시간에 함께 재미있게 읽으면서 그 과정을 녹음해보세요. 그리고 어린이가 없는 시간에 다시 들어보고 오류를 체크한 뒤, 틀린 부분을 중점으로 다시 바르게 읽어주세요.

유창성 교재 활용

마지막으로, 유창성 훈련을 즐겁게 해볼 수 있는 교재를 알려드리겠습니다. 템북에서 출간된 《따스함 시리즈》라는 유창성 프로그램 교재

는 따라 읽고, 스스로 읽고, 함께 읽는다는 뜻입니다. 기초편 1, 2권과 실력편 봄, 여름, 가을, 겨울 편으로 구성되어 있습니다.

설명글, 이야기, 동시로 구성된 지문을 읽고 여러 활동을 통해 유창하게 읽기 훈련을 하는 교재인데요. 지문마다 음성 파일이 제공되며 어린이 스스로 읽기 연습 과정을 표시하고, 틀릴 만한 어휘는 따라 써보기, 본문을 읽고 이해할 수 있는 문항 풀어보기, 도전을 통해 스스로 체크해보기 등의 활동을 할 수 있도록 구성되었습니다. 앞서 소개한 여러 방법과 더불어 차근차근 해보면 좋겠습니다.

귀독서와 소리 내어 읽기는 언제까지 해야 하는지 궁금해하시는 경우가 많은데요. 지금까지의 설명으로 이해되셨겠지만 유창하게 읽기가 가능하다면 그만해도 좋습니다. 소리 내어 읽기가 좋다는 이야기를 듣고 유창성과 상관없이 책 한 권을 소리 내어 읽게 하는 경우를 종종 보는데, 바람직한 일은 아닙니다. 책을 처음부터 끝까지 소리 내어 읽는 것도 쉽지 않습니다. 눈으로만 읽어도 이해가 가능해지는 단계가 되면 오히려 소리 내어 읽는 것이 글 이해에 방해가 되기 때문입니다. 자신의 소리 때문에 집중이 되지 않고 속도가 느려지는 탓에 의미 구성에 어려움을 겪습니다.

보통 '소리 내어 읽는 것이 좋다'고 하는 것은 낭독이나 낭송의 효용을 이야기하는 것이라고 보면 됩니다. 좋은 문장, 깊은 의미가 담겨 되새기고 싶은 문장이나 구절은 때때로 낭독하면 더 잘 이해가 되거나 새로운 느낌으로 다가옵니다. 시의 경우 낭송을 하면 운율이 느껴져 역시 시의 의미 이해나 감상에 도움이 됩니다. 낭송과 낭독은 독자 자신의 판단에 의해 때때로 하는 것입니다. 소리 내어 읽는 것과는 구분할 필요가 있습니다.

지금까지 유창성 확보에 대해 이야기했습니다. 보통 이 과정은 한글을 떼고 나서 1, 2년 정도에 걸쳐 지금까지 소개한 다양한 방식을 통해 얻게 되는 능력이지만, 때론 초등 고학년까지도 필요합니다. 낯선 지문, 새로운 장르의 글을 접할 때 자신도 모르게 소리 내어 읽어본 경험이 있으실 거예요. 언뜻 보기에 이해가 되지 않으니 의미를 좀 더 명확히 하기 위한 본능적 행동이기도 합니다. 이처럼 낯선 글을 마주했을 때는 고학년이어도 묵독 전 소리 내어 유창하게 읽어보는 것이 좋습니다.

어떤 일이든 즐기기 위해서는 먼저 잘해야 한다는 말이 있습니다. 운동이든 일이든 어느 영역에나 해당되는 이 말은 읽기에도 적용됩니다. 내 앞에 놓인 글을 유창하게 읽지 못한다는 것은 의미를 이해하지 못한다는 뜻이며 의미 이해가 되지 않는 상황에서 책 읽기를 즐겁게 할 수는 없습니다. 즐거운 독서란 이해를 전제로 하기 때문입니다. 유창성이 확보되지 않은 어린이에게 혹시나 혼자 읽기나 묵독을 강요하고 있지는 않은지 점검해보시길 바랍니다.

3단계 묵독을 시작하며 읽는 몸을 만드는 단계

독서의 본질은 원래 묵독입니다. 묵독이란 소리 내지 않고 읽으면서 의미를 이해하는 독서를 말합니다. 소리 내어 읽었을 때 유창성이 확보되었다면 본격적인 독서에 입문해야 하며 그 시작이 바로 묵독입니다. 책을 읽는다고 하면 보통 묵독이 떠오르지요? 어른들도 대체로 묵독을 합니다. 그래서 매우 자연스러워 보이지만 묵독도 연습에 의해 익숙해지는 것입니다. 활자가 소리로 변환되지 않아도 눈으로 글자를 따라가면서 의미를 구성하려면 활자 자체에 몰입해야 하는데, 이 과정은 집중력을 필요로 하고 또 한편으로는 집중력을 갖게 합니다.

묵독을 성공적으로 시작하려면 어떤 책을 만나는지가 중요합니다. 책을 처음부터 끝까지 한 호흡에 읽을 수 있는 만만한 책이어야 자신도 모르는 사이 묵독이 가능해집니다. 이전에 소리 내어 읽던 책을 먼저 묵독하면 부담이 적습니다. 다음에는 그 책보다 글의 양이 약간 더 많은 책을 골라주세요. 한 권을 소리 내지 않고 읽을 수 있는 시간과 장소를 마련해주는 것도 중요합니다. 한 권, 두 권 그렇게 하다 보면 글의 양이 더 많은 책도 묵독할 수 있게 됩니다.

　어린이가 묵독을 시작할 때 앉은 자리에서 한 호흡에 읽어내기 좋은 책을 알아보겠습니다. 《귀신보다 더 무서워》(허은순 글, 보리)는 보리 출판사에서 총 15권으로 출간한 병만이 만만이 동만이 시리즈의 첫 번째 책입니다. 《내 모자야》(임선영 글, 창비)는 창비에서 펴낸 첫 읽기책 16권 중 첫 번째 책입니다. 《홍쟁이 고두홍》은 2023년 8월 기준 145권이 출간된 좋은책어린이 창작동화 시리즈의 최근작입니다.

　《귀신보다 더 무서워》의 경우 병만이와 동만이의 형제 이야기 시리즈이므로 순서대로 읽어도 좋지만, 각 권마다 다른 에피소드가 펼쳐지고 한 권, 한 권의 완성도가 높아 꼭 순서대로 읽어야 하는 것은 아닙니다. 창비 첫 읽기책 시리즈와 좋은책어린이 창작동화 시리즈의 경우 각각 다른 작가들이 쓴 단행본이므로 역시 순서는 상관없습니다. 비교적 글의 양이 적은 책부터 말씀드렸지만 아이에게 선택권을 주어도 좋습니다. 물론 이 도서들이 아니더라도 비슷한 분량의 책이라면 어떤 책이든 상관없습니다.

　묵독이 능숙해졌다면 어른 독자도 같이 앉아 읽는 것이 좋습니다. 글을 읽는 분위기가 되어야 어린이도 책에 빠져들 수 있기 때문입니다. 독서 자체가 고요한 공간에서 이루어져야 집중이 되지만 특히 이 시기는 공간의 분위기와 힘이 더욱 중요합니다.

　만약 묵독을 하다가 재미없다는 이유로 완독을 거부하면 억지로 책을 읽게 하지 마세요. 이 시기에는 책에 대한 긍정적인 정서 형성이 중요하기 때문입니다. 흥미가 생기지 않는 책을 꾹 참고 읽어야 한다면 얼는 건 '책 읽기는 힘들다'라는 마음뿐입니다. 스토리가 주는 재미에 빠져 읽다 보면 어느새 묵독이 되고, 이 경험을 반복해야 '책 읽기가 만만하다'고 느끼게 됩니다. 실제로 크게 흥미를 못 느끼는 책인데도 묵독을 지속적으로 권유받은 어린이들은 책을 대충 읽는 습관을 갖게 되기도 합니다.

책을 읽다가 이해가 안 된다며 독서를 멈춘다면 오히려 환호해야 합니다. 대부분의 어린이는 소리 내지 말고 읽으라고 하면 책 내용이 이해되는지 안 되는지도 모르는 채 기계적으로 책장만 넘깁니다. 그런데 스스로 이를 인지하고 멈추었다는 것은 책 이해도에 대한 메타인지가 작동했다는 것이므로 반가운 일이지요. 이런 경우에는 도서의 수준을 조금 낮추거나 그 책을 소리 내어 한 번 읽어주는 것이 좋습니다.

음독에서 묵독으로 넘어가는 이 시기에는 하루 1, 2권 정도 묵독을 해보면 좋습니다. 많지 않은 분량의 책을 뚝딱 읽어내는 과정을 반복하며 '나는 책을 잘 읽는구나'라는 독서 효능감을 느끼고 '책은 읽어볼 만하다'는 생각도 하게 되거든요. 이는 앞으로 독자로 자라기 위해 중요한 첫 경험입니다.

묵독을 시작하며 또 한 가지 만들어지는 것이 있는데, 바로 '읽는 몸'입니다. 읽는 몸이란 무엇일까요? 책을 읽기 위해 필요한 몸도 있을까요? 책 읽기는 정서와 신체의 조화로 이루어지는 일입니다. 책에 대한 좋은 정서가 있어야 하고, 몸의 집중력, 흔히 말하는 엉덩이 힘이 있어야 가능합니다. 엉덩이 힘이 있어도 들고 있는 책이 재미없으면 완독이 쉽지 않고, 책의 재미를 알아도 엉덩이 힘이 부족하면 역시 끝까지 읽기가 쉽지 않습니다. 두 가지가 조화를 이루게 도와주는 것이 성공적인 묵독의 경험을 반복하는 것입니다.

묵독의 반복으로 얻을 수 있는 가장 중요한 점은 글의 구조를 파악하는 힘이 생긴다는 것입니다. 문학이든 비문학이든 모든 글은 구조라는 것이 있습니다. 기승전결, 원인과 결과, 주장과 근거 등 여러 구조로 이루어진 것이 글인데요. 묵독 초기에는 책의 표면적인 내용을 이해하는 데 머무르지만 많은 책을 반복해서 묵독하다 보면 글의 큰 흐름이 보입니다. 이 흐름이 보이기 시작하면 어떤 책이든 전략적으로 읽게 되고, 글을 요약하는 것도 가능해집니다. 다음 페이지부터 이어지는 단계를 차근차근 따라오시면 되는데요. 모두 이 성공적인 묵독의 반복을 기반으로 한다는 것을 기억하세요.

4단계 글의 표면 내용을 이해하고 말과 글로 표현하는 단계

책 한 권을 묵독으로 읽는다는 것은 어느 정도 내용을 이해하고 있다는 뜻입니다. 이해하지 못하는 책이라면 책장을 끝까지 넘기긴 힘들 테니까요. 이렇게 자연스러워진 묵독을 통해 읽는 책의 양이 늘어나고 있다면 다음으로는 표면 내용을 이해했는지 확인해봐야 할 차례입니다. 어떤 인물이 등장했으며, 어떤 사건이 벌어졌는지, 그 사건은 어떻게 해결되었는지 말로 표현할 줄 알면 됩니다.

이를 돕기 위해 어른이 먼저 '소리 내어 내용 말하기' 시범을 보이는 방법이 있습니다. 독서 교육에서는 항상 어린이보다 능숙한 독자의 시범이 필요합니다. 무엇을 말해야 하는지, 어떻게 말해야 하는지 자연스럽게 알려주어야 하는 것이지요. 누구나 아는 이야기인 〈해님 달님〉으로 예를 들어보겠습니다.

내용을 말할 때는 인물/장소/말/행동/결말 다섯 가지를 기준으로 말하면 됩니다. 처음에는 삽화를 보며 내용을 상기하여 그대로 말하는 것이 좋습니다. 인물을 가리키며 이 사람은 누구였는지 말하고요. 장소가 나온 그림을 가리키며 어디인지 말합니다. 인물이 나오는 장면에서는 인물이 어떤 행동과 말을 했는지 말합니다. 그렇게 책장을 넘기다 마지막에서는 결말이 어떻게 되었는지까지 말합니다. 말 그대로 삽화를 보면서 일어난 일을 그대로 말하는 것이 내용 말하기의 첫 단계입니다.

인물	이 아이들이 오누이구나. / 이 사람은 오누이 엄마구나.
장소	호랑이가 산속에서 엄마를 만났구나. / 여기는 산속인가 보구나.
	호랑이가 오누이 집으로 갔구나. / 여기가 오누이 집인가 보구나.
말	호랑이가 엄마에게 "떡 하나 주면 안 잡아먹지"라고 했구나.
행동	호랑이가 오누이 엄마를 잡아먹었구나.
	오누이가 호랑이를 속여 나무 위로 올라갔구나.
결말	호랑이도 동아줄을 잡고 올라가다 떨어져 죽었구나.
	오누이는 해와 달이 되었구나.

삽화를 보면서 말하기는 언뜻 쉬워 보입니다. 그러나 처음 말하는 어린이 입장에서는 어렵습니다. 인물 이름부터 시작해서 각 상황에 적절한 단어를 자유자재로 사용해야 하고, 듣는 이가 이해할 수 있는 문장을 구사해야 합니다. "어, 그러니까, 그게 뭐더라"와 같은 말을 자주 하게 될 거예요. 그럴 때마다 어른이 도와주어야 합니다. 멈추는 순간을 빨리 넘어갈 수 있는 단어를 제시하거나 대신 말해주는 것입니다.

삽화를 보고 말하기가 익숙해지면 책을 보지 않고 말할 차례입니다. 이때 역시 인물, 장소, 말, 행동, 결말에 대해 말하면 됩니다. 다음 표의 오른쪽 질문을 활용하세요. 삽화 보고 말하기와 비교할 수 있도록 두 가지 사례를 모두 담았습니다. 이 단계에서도 어린이가 머뭇거리면 이야기를 이어갈 수 있는 단서를 주는 등 보조하는 것이 중요합니다.

	삽화를 볼 때	책을 보지 않고 내용을 상기할 때
인물	이 사람은 누구야?	어떤 사람들이 나왔어?
장소	여기가 어디야?	어디에서 일어난 일이야?
	여기에서 어떤 일이 벌어졌지?	그곳에서 벌어진 일은 뭐지?
말	이 상황에서 이 사람이 뭐라고 말했지?	인물이 한 말 중에 기억나는 건 뭐야?
행동	이 장면에서 인물이 어떤 일을 했지?	인물이 한 일 중에 기억나는 건 뭐야?
결말	여기 마지막 장면은 어떻게 된 거지?	이야기의 마무리가 어떻게 되었지?

충분히 이야기를 나누었다면 글로 써보도록 합니다. 오른쪽 이미지를 활용해 내용을 채워 넣은 후 이야기하게 해보세요. 이야기를 먼저 하고 써도 좋습니다. 말하기와 쓰기를 모두 마치면 어느새 책 내용이 정리되어 있을 거예요.

표면 내용 이해를 돕는 또 하나의 방법은 인물의 감정을 헤아려 보는 것입니다. 인물의 상황을 이해해야 인물의 감정도 이해가 됩니다. 이 방법은 내용을 직접 묻는 방법과 달리 간접적으로 확인하는 방법이라 아이의 부담도 덜한 편입니다. 다만 인물의 감정을 바로 물어보면 짐작은 하더라도 표현하기 어려울 수 있고 단조로운 표현만 할 수도 있습니다. 그래서 여러 감정 단어를 제시하는 것이 좋습니다.

책 읽고 내용 말하기

책 제목 :

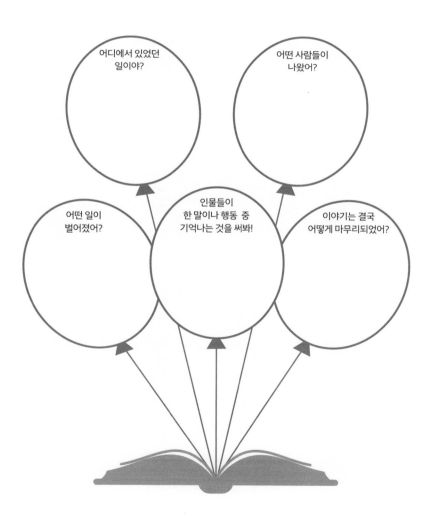

어디에서 있었던 일이야?

어떤 사람들이 나왔어?

어떤 일이 벌어졌어?

인물들이 한 말이나 행동 중 기억나는 것을 써봐!

이야기는 결국 어떻게 마무리되었어?

우선 견출지를 준비해 아래 감정 단어를 적어주세요. 그리고 책을 펼쳐 인물이 나온 삽화를 보고 인물 옆에 어울리는 감정 단어를 붙이게 하세요. 인물의 감정에 어울리는 견출지를 붙였다면 내용을 대강 이해하고 있다고 보면 됩니다. 그렇지 않다면 귀독서를 해주거나 소리 내어 읽게 도와주세요. 만약 아래 내용 중 인물의 감정을 표현할 수 있는 적절한 단어가 없다면 직접 써도 됩니다.

무척 설렌다	자신 있다	상쾌하다	짜릿하다	기쁨이 넘친다
기대가 된다	재미있다	신난다	감사하다	평온하다
감격스럽다	날아갈 것 같다	만족스럽다	뿌듯하다	놀랍다
억울하다	절망스럽다	당황스럽다	도망가고 싶다	분하다
불쾌하다	어이없다	얄밉다	실망스럽다	어리둥절하다
아찔하다	위축된다	두렵다	못마땅하다	막막하다

저와 수업했던 한 어린이는 늘 책을 재미있게 읽었는데, 내용 이해 면에서 어려워하는 부분이 있는 것 같아 이 활동을 해봤습니다. 《칠판 앞에 나가기 싫어》(다니엘 포세트 글, 비룡소)에서 선생님이 처음 수업을 와서 아이들 앞에서 긴장하여 얼굴까지 빨개지는 장면이 있었는데 아이가 '설렌다'는 스티커를 붙였습니다. 바로 책을 읽어주고 이야기를 나누었더니 이해하는 모습을 보였습니다. 매우 간단하면서도 책 이해도를 판단할 수 있는 활동이니 꼭 해보시길 권합니다.

5단계 글의 구조를 파악하고 내용을 정리할 수 있는 단계

　묵독을 통한 책의 이해가 가능해지기 시작하면 독서가 즐거워집니다. 무엇이든 잘해야 재미있는 것처럼, 독서는 본질적으로 읽기라는 행위에 익숙해져야 즐길 수 있기 때문이지요. '스스로 활자를 읽어내면서 글을 이해하고, 그 이해에서 오는 재미'를 느끼기 시작하면 어느 순간 다독의 길로 들어서기도 합니다. 우리가 새로운 운동을 배울 때 처음에는 동작을 익히고 운동의 규율에 적응하느라 힘들지만, 힘겨운 시기를 지나 조금씩 익숙해지기 시작하면 재미가 붙어 운동을 매일 하게 되는 것과 같은 이치입니다.

　이렇게 다독하다 보면 어느새 책을 보는 시야가 넓어지는데 내용을 넘어서 글의 구조가 보이기 시작합니다. 이야기책의 경우 우리가 잘 아는 '발단-전개-위기-절정-결말'의 구조가 내면화되는 것이지요. 본래 책을 읽기 시작하면 처음에는 내용이 보이고, 다음으로는 그 내용을 담은 구조가 보이고, 구조까지 보이고 나면 다음에는 저자의 생각이 보이기 마련입니다. 저자의 생각까지 보이게 되면 텍스트를 장악하게 되고,

그다음으로는 읽은 내용을 기반으로 자신의 견해까지 완성됩니다. 자기 견해를 글로 써낼 수 있는 것, 저는 여기까지를 문해력의 완성이라고 봅니다. 그 완성을 위한 첫걸음이 바로 책 구조 읽기입니다. 구조에 따라 정리한 내용을 말하고, 쓸 줄 알아야 하는 것입니다.

3단 구조 정리(상황-갈등-해결)

다독하는 어린이든 그렇지 않든 구조에 맞게 정리하는 연습은 필요합니다. 우선 이야기를 크게 보는 것이 중요하므로, 3단 구조로 정리하는 방법을 살펴보겠습니다. 이야기는 보통 상황이 제시되고 인물 간의 갈등 상황이 펼쳐지며 마침내 해결이 되는 구조로 되어 있습니다. '상황-갈등-해결' 구조입니다. 이 구조에 맞게 글을 정리하게 해주세요. 다만 어린이들에게는 '상황-갈등-해결'이라는 개념적인 단어를 제시하는 것보다 문장 구조를 알려주는 것이 이해를 위해서는 더 좋습니다. '상황-갈등-해결 구조'로 문장을 만들면 보통 '~해서 ~했으나 ~한 이야기' 형태가 됩니다. 〈해님 달님〉을 예로 들어보겠습니다.

3단 구조 한 줄 정리		
~해서	~했으나	~한 이야기
호랑이가 숲속에서 오누이 엄마를 만나서	엄마를 잡아먹고 오누이까지 잡아먹으려고 했으나	결국 자신이 당하고 마는 이야기
⬇	⬇	⬇
상황	갈등	해결

이야기 구조 기차

책 제목 : _____

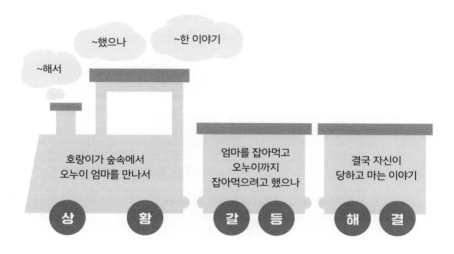

~해서

~했으나

~한 이야기

호랑이가 숲속에서
오누이 엄마를 만나서

상 황

엄마를 잡아먹고
오누이까지
잡아먹으려고 했으나

갈 등

결국 자신이
당하고 마는 이야기

해 결

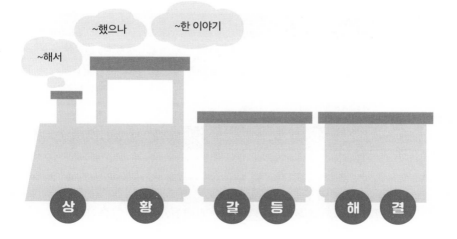

~해서

~했으나

~한 이야기

상 황

갈 등

해 결

이렇게 정리되겠지요? 이미지를 제공하면 단번에 이해되어 좀 더 쉽고 재미있게 활동할 수 있습니다. 앞의 이야기 구조 기차 이미지를 활용해보세요.

3단 구조 정리(상태-계기-변화)

이야기를 3단으로 정리하는 또 한 가지 방식이 있습니다. 이야기는 인물을 중심으로 살펴보면 어떤 상황에 놓여 있던 인물이 어떤 사건이나 상황을 계기로 변화하게 되는 구성이기도 합니다. '상태-계기-변화' 구성인 것이지요. 이 구성에 어린이가 쉽게 접근하도록 하려면 문장 구조를 알려주는 것이 좋은데요. '~한 인물이 ~에 의해 ~한다는 이야기'로 정리가 됩니다. 처음에는 문장 구조에 맞게 정리하는 것이 쉽지 않습니다만 반복해서 하다 보면 익숙해지게 됩니다.

이번에는 〈미운 오리 새끼〉를 예로 들어보겠습니다.

3단 구조 한 줄 정리		
~한 인물이	~에 의해	~한다는 이야기
미운 모습으로 태어나 슬퍼하던 오리가	실제 백조라는 것을 알게 된 것에 의해	자신감을 가지고 행복해진다는 이야기
⬇	⬇	⬇
상태	계기	변화

이 역시 이미지를 활용하면 더 쉽고 재미있게 할 수 있습니다.

이야기 구조 표지판

책 제목 : _____

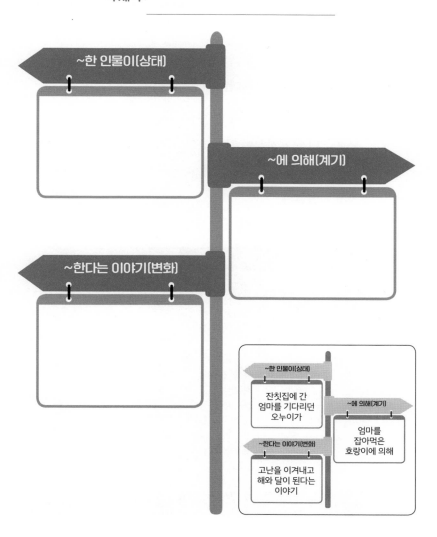

~한 인물이(상태)

~에 의해(계기)

~한다는 이야기(변화)

~한 인물이(상태)
잔칫집에 간
엄마를 기다리던
오누이가

~에 의해(계기)
엄마를
잡아먹은
호랑이에 의해

~한다는 이야기(변화)
고난을 이겨내고
해와 달이 된다는
이야기

앞서 살펴본 두 가지의 이야기 구조 정리는 언뜻 간단해 보이지만 이야기에 구조가 있다는 것과 구조 안의 구성 요소들이 유기적으로 연결되어 있다는 것을 알아야 할 수 있는 활동입니다. 한편으로는 그에 대한 이해를 돕는 활동이기도 하니 독서의 흥미를 떨어뜨리지 않는 선에서 계속 연습하면 좋겠습니다.

5단 구조 정리(상황-시작-갈등-시도-해결)

이제 조금 더 자세히 정리해볼 차례입니다. 3단 구조였던 '상황-갈등-해결'을 조금 더 구체화하여 갈등의 '시작'과 해결의 실마리가 되는 '시도'를 더 추가하는 방식입니다. 아래 표는 〈해님 달님〉 이야기를 5단 구조로 정리한 것입니다.

5단 구조 정리				
주인공(인물)은 어떤 상황 이었나요?	인물의 갈등은 어떻게 시작되나요?	어떤 갈등이 생겼나요? (문제가 일어났나요)	주인공은 어떤 시도(노력)를 했나요?	그 갈등은 어떻게 해결 되었나요?
엄마가 잔칫집에 일하러 가셨다. 오누이는 둘만 남아 엄마를 기다렸다.	호랑이가 엄마를 잡아먹고 오누이도 잡아먹으려고 오누이 집으로 왔다.	호랑이가 오누이를 잡아먹으려고 엄마 흉내를 내며 문을 열게 하려고 했다. 오누이는 막으려고 노력했다.	오누이는 집 밖으로 나와, 호랑이를 피하기 위해 나무 위로 올라갔다. 호랑이도 뒤따라 올라왔다.	오누이의 거짓말에 속아 참기름을 바르고 올라간 호랑이는 떨어져 죽고 오누이는 하늘로 올라가 해와 달이 되었다.
⬇	⬇	⬇	⬇	⬇
상황	시작	갈등	시도	해결

이야기 구조

책 제목 :

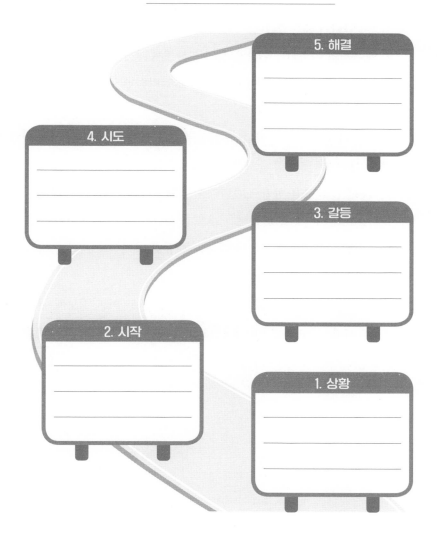

5. 해결

4. 시도

3. 갈등

2. 시작

1. 상황

3단 구성과 달리 이번에는 각각의 단계를 온전한 문장으로 설명해봅니다. '상황-갈등-해결'에 해당하는 부분도 앞의 활동에서보다는 조금 더 자세히 말하고 쓰게 하세요. 다만 구조별로 2문장을 넘지 않는 것이 좋습니다. 이야기 구조에 맞게 요약 정리하는 것이지 내용을 쭉 나열하는 것이 아니기 때문입니다.

앞 페이지의 이미지를 활용해 길의 시작에서 끝까지 각 구성 요소에 맞게 내용을 쓰도록 합니다. 이 내용을 글로 정리하면 구조를 고려한 줄거리 쓰기가 됩니다.

정리한 내용을 한 호흡에 쓰고 말할 수 있도록 돕는 방법도 있습니다. 어린이로 하여금 직접 줄거리를 말하게 하는 방법인데요. 앞의 이야기 구조도에 쓴 내용을 바탕으로 말해도 좋고, 조금 더 편안하게 하려면 줄거리 말하기 대본을 만들어보는 것도 좋습니다. 요즘 어린이들의 관심사에 맞게 유튜브에서 책을 소개하는 북튜버가 되었다는 가정 하에 대본을 써보게 하면 어떨까요?

오른쪽 이미지를 보면 책의 제목과 등장 인물 등 기본 정보에 이어서, '상황-시작-갈등-시도-해결' 구조에 맞게 도움말을 미리 제시해두었습니다. 빈칸을 채우며 아이와 함께 북튜버 대본을 작성해보세요.

재미있는 이야기를 소개합니다!

▶   [   ] 🔍   ☰

안녕하세요. 어린이 북튜버 _____ 입니다.

제가 이번에 읽고 소개할 책은 _____ 입니다.

이 책에는 _____ (등)이 등장합니다.

우선 주인공의 상황부터 말씀드릴까 하는데요.

_____

_____

그런데 그때

_____

_____

결국 일이 벌어지고 말았는데요.

_____

_____

인물은 갈등을 해결하려고 계속 노력했습니다.

_____

_____

_____

그러고는 결국

_____

_____

어때요? 재미있었나요? 재미있다면 구독과 좋아요를 눌러주세요!

조회수 _____ 회 _____ 년 _____ 월 _____ 일 구독자 _____ 명 👍

▶ ⏭ 🔊   ⚙ ⛶

6단계 저자의 의도와
글의 주제를 파악하는 단계

책을 스스로 집어 든다는 것은 책의 재미를 안다는 것입니다. 재미를 충족하기 위해 하는 독서는 몰입의 세계로 빠져들게 합니다. 몰입은 곧 집중이며, 능동적으로 집중해서 읽으면 책에 담겨 있는 것을 어느 정도 이해할 수 있습니다. 이 이해를 조금 더 명확하게 도와주는 방법이 앞 단계에서 소개한 '글의 구조에 맞게 정리하기'입니다.

책의 재미를 아는 독자는 여러 가지 책을 읽는데, 이는 곧 다양한 작가를 만난다는 의미도 됩니다. 다양한 작가를 만난다는 것은 다양한 생각을 만난다는 뜻이기도 하지요. 결국 책의 재미를 알고 꾸준히 읽는 어린이는 이야기를 따라가는 사이 다양한 생각과 견해를 만나게 되는데요. 그 과정에서 알게 되는 사실은 '모든 책은 전하고자 하는 메시지가 있다'는 것입니다.

이 메시지를 우리는 흔히 '주제'라고 합니다. 저자가 책을 통해 전하고자 하는 바를 뜻하는 것이지요. 작가가 전하는 메시지는 우리 삶의 영역 곳곳의 숨겨진 가치, 우리가 살면서 추구해야 하는 것, 살아가면서 누구나 생각해봐야 하는 것과 관련되어 있습니다.

작가는 매우 거시적인 관점에서 하고자 하는 말을 전달하기도 하고, 때론 책 자체가 통째로 은유이기도 하기에 주제를 파악하는 일은 결코 쉬운 일이 아닙니다. 설령 대강의 주제를 파악했다고 해도, 그 메시지가 삶과 연결되기 위해서는 많은 경험이 필요하기 때문에 관념적으로만 이해하고 넘어갈 가능성도 있습니다.

하지만 책을 읽고 나서 주제를 모른다고 해서 독서가 의미 없다고 할 수는 없습니다. 이제 막 독서의 세계로 진입한 어린 독자들은 그저 이야기 그 자체에서 즐거움을 느끼기도 하며, 고학년이라고 해도 독서 경험이 풍부하지 않으면 표면적 내용 이해에 머무르는 독서를 하기도 합니다. 그럼에도 책의 어느 한 요소가 독자에게 가 닿았다면 의미 있는 독서라고 할 수 있습니다.

또 독서의 목적 자체가 주제 찾기에만 국한되어 있지 않기도 합니다. 어떤 독자는 뻔한 주제인 것 같으나 스토리가 재미있을 것 같아 읽었다고도 하고, 반대로 스토리의 긴장감은 떨어지지만 전하고자 하는 의미가 좋았다고 말하는 독자도 있습니다. 재미이든 의미이든 독자 자신의 독서 목적에 따라 독서라는 행위가 결정되며 그렇기에 모든 독서는 의미가 있는 것입니다.

그럼에도 불구하고 재미가 의미로 이어지도록 저자의 의도를 파악하게 도와주는 것이 능숙한 어른 독자의 역할이 아닐까 싶습니다. 그래야 독서의 의미 확장을 도울 수 있고, 그것이 곧 독서를 유지하게 하는 힘이 되기도 하니까요. 독서는 '삶의 완성'을 위해 하는 것이 아니라 잠시 걸음을 멈추고 발밑을 한번 내려다보며 현실을 살피고, 그 현실의 문제를 마주하게 하는 것이라고 생각합니다. 저자의 의도를 찾게 도와주는 것은 이 과정을 돕는 일이라고 할 수 있습니다.

저자가 글을 쓴 이유는 때론 명확히 드러나기도 하지만 때론 꽁꽁 숨겨져 있기도 합니다. 어린이 독자가 저자 생각을 파악할 수 있도록 도와주는 가장 손쉬운 방법은 '저자의 말'을 읽게 하는 것입니다. 통째로 은유이기도 한 본문보다는 저자의 생각이나 책을 쓴 목적이 조금 더 명시적으로 드러나 있기 때문입니다. 그런데 어린이 독자는 대부분 저자의 말을 읽지 않습니다. 책의 주제보다는 스토리가 주는 재미 때문에 읽는 경우가 많으니까요. 하지만 저자의 말을 몇 번 읽다 보면 스토리를 더 깊이 이해할 수 있게 되고 나중에는 스스로 찾아 읽게 됩니다.

다음으로는 제목의 의미를 생각하게 해주세요. 제목은 단지 호기심을 끌기 위해 짓기도 하지만 책의 내용을 암시하기도 하고, 때론 주제 그 자체일 때도 있습니다. 어떤 목적으로 제목을 지었는지 생각하는 과정에서 주제에 한걸음 더 다가설 수 있습니다.《목기린 씨 타세요》(이은정 글, 창비)는 우리 사회의 다름을 수용하고자 하는 작가의 의지와 메시지가 담긴 책입니다. 목이 길어 마을버스를 타지 못하는 목기린을 위해 우여곡절 끝에 버스가 만들어지고 결국 목기린 씨도 버스를 타게 된다는 이야기인데요. 제목에서 다름을 수용하고자 하는 마음과 의도가 엿보입니다.

인물이 한 말이나 인물의 삶을 관찰해보는 것도 주제를 파악할 수 있는 방법입니다. 작가는 주요 인물의 대사를 빌어 자신의 생각을 전하기도 합니다. 작가가 창조한 인물 자체가 작가 자신이거나 작가의 어린 시절일 수도 있는 것처럼 결국 작가가 전하고자 하는 메시지가 인물을 통해 전달될 때도 있습니다. 그러니 인물이 한 말의 의미도 생각해봐야 하는 것입니다.

이야기의 결말 또한 전하고자 하는 메시지와 연결될 때가 있습니다. 예컨대 전래 동화에서 악인은 마지막에 대체로 좋지 않은 최후를 맞이하게 되는데요. 이는 악한 행동은 반드시 처벌받게 되어 있다는 전래 동화의 공통 메시지를 보여주는 단적인 예입니다. 작가가 쓴 결말의 의도를 생각해보게 하세요. 왜 그렇게 이야기를 끝맺었는지 이유를 찾다 보면 전하고자 하는 바가 짐작될 거예요.

어린이 독자의 배경지식이나 경험을 떠올려보게 하는 것도 책의 의미를 생각하는 데 도움이 됩니다. 자신의 경험과 연결되었을 때 이야기는 비로소 구체화된 나의 삶으로 치환되며 그 과정에서 이야기의 주제 또한 삶에 스며듭니다. 《만복이네 떡집》(김리리 글, 비룡소)의 주인공 만복이가 마법 떡집을 통해 자신의 언어를 변화시킨 이야기를 읽으며 바르지 못했던 자신의 언어 생활을 돌아보고 책이 전하는 메시지를 받아들일 수 있는 것처럼요.

마지막으로 작가를 파악하게 해보세요. 작품은 작가 자신이라는 말이 있습니다. 작가가 이야기를 창조하는 이유는 세상에 전하고 싶은 말이 있기 때문입니다. 저자의 말에 드러난 정보에 더해서 작가가 쓴 다른 작품, 작가의 삶을 돌아보는 것은 작품 이해에 도움을 주며, 그것이 곧 작가가 전하는 메시지를 이해하는 데 도움이 됩니다. 《강아지똥》과 《몽

작가 탐구 보고서

작가 이름		국적	

태어난 날		세상을 떠난 날	

수상 내역	

어떤 삶을 살았나요?	

작가의 다른 책	

탐구 소감	

실 언니》로 잘 알려진 권정생 작가는 폐결핵을 앓으며 평생 외롭고 쓸쓸하게 살았습니다. 이와 같은 삶은 소외된 이들의 삶을 안아주는 작품을 탄생시켰습니다. 삶과 작품이 완전히 분리될 수 없다는 것을 보여주는 사례입니다. 작가에 대한 이해를 높이기 위해서는 온라인을 통해 조사하거나 유튜브의 인터뷰 영상이나 지면 인터뷰 내용, 작가의 다른 작품 읽기 등을 하면 좋습니다.

주제를 파악한 다음에 해야 할 일은 무엇일까요? 무조건적인 수용이 아닌 비판의 관점으로 보는 것입니다. 작가도 사람이기에 편견이 있을 수 있고 그렇지 않다고 하더라도 이 세상에 절대적인 주제는 없습니다. 특히 고전의 경우 시대 상황이나 가치에 따라 재평가되기도 하는데, 흔한 예로 쉘 실버스타인의 《아낌없이 주는 나무》(쉘 실버스타인 글, 시공주니어)를 읽고 아낌없이 주는 것이 과연 사랑인지에 대해 다시 생각해보는 경우를 들 수 있습니다. 주제를 비틀어보는 경험은 그 자체로도 의미가 있지만 어린이들로 하여금 독서라는 것이 책을 그대로 수용하는 것이 아니라 자기 견해를 만들어가는 과정임을 알려준다는 점에서도 의미가 있습니다.

다음 페이지의 이미지는 작품의 주제를 짐작하고 추론해보기 위한 양식입니다.

이야기에서 가장 중요한 메시지는 무엇인지, 그렇게 생각한 이유는 무엇인지 정리합니다. 주제와 관련된 정보를 책 안에서 찾고, 저자에 대해서도 알아봅니다. 저자의 견해나 관점을 추론한 뒤, 그에 대한 자신의 생각을 정리하다 보면 책을 더 입체적으로 보게 되고, 이야기

주제야, 안녕?

책 제목 :

작가의 말

제목의 의미

연관된 경험

인물의
말과 행동

이야기의
결론

내 의견

주제

를 다각도로 살펴보려는 노력을 하게 되지요. 이 과정에서 어린이는 독자로 한층 성장할 것입니다.

지금까지 읽기에서 시작해 독서로 나아가는 6단계 로드맵을 그려 봤습니다. 독서의 기본이 되는 글자 읽기에서 주제를 찾아 나의 관점을 찾아가는 독서까지 초등 전반에서 키워져야 하는 능력이며 많은 시간과 노력을 필요로 합니다. 이 발달 과정은 절대적이지 않으며 서로 넘나들기도 합니다. 예를 들어 유창성 확보가 안 되어도 귀독서를 통해 주제 이해가 가능하기도 하고, 주제 파악을 잘하지만 내용 요약이 안 될 수도 있습니다.

모든 단계는 어린이가 '자립적' 독자가 되기 위한 것이므로, 어른들의 세밀한 관심과 관찰, 그리고 도움이 무척 중요합니다. 어느 단계의 과업에 지나치게 몰입하느라 어린이가 오히려 책을 거부하게 되는 일은 없기를 바랍니다.

마지막으로 어린이의 독서 발달이 잘 이루어지고 있는지 확인하고 싶다면 (주)낱말 홈페이지를 통해 독서력(문해력) 검사를 해보시길 추천합니다. 다만 앞서 말씀드렸던 것처럼 평가 자체가 목적이 아니라 보다 효과적으로 아이를 도와주기 위해 현재의 수준을 파악하는 것이 목적임을 꼭 기억하셨으면 좋겠습니다.

5장

문학 읽기
6단계 로드맵

1 문학
그림책

2 옛
이야기

3 사실
동화

4 판타지
동화

5 추리
동화

6 세계
명작

어린이의
문학 읽기

어린이책의 종류는 여러 가지입니다. 크게 나누면 이야기책과 지식정보책으로 나뉘며 이야기책은 다시 시와 동화로 크게 나뉩니다. 지식정보책은 과학, 사회, 역사, 철학 등으로 나눌 수 있습니다. 이야기책보다 읽는 아이들이 적다 보니 지식책의 경우 어린이 독자를 끌어들이기 위해 매우 다양한 구성과 방식으로 출간되고 있습니다. 어린이책의 분야별 특성을 알고 있어야 보다 구체적이고 현실적인 독서 지도가 가능합니다.

그중에서도 우선 독서의 기본이 되는 이야기책에 대해 살펴볼까 하는데요. 어린이 이야기책은 어린이 문학, 아동 소설, 아동 문학 등으로 불리는데 한 가지로 정립된 것은 없습니다. 기관이나 학자, 혹은 어린이책을 만드는 곳 등 관점이나 상황에 따라 조금씩 다르게 부릅니다.

저는 이야기책을 어른책과 다르지 않은 관점으로 보아 문학이라 부르려고 합니다. 문학 안에는 시도 포함되지만 편의상 스토리로 구성된 이야기책만을 지칭하겠습니다.

강연에서 부모님들과 이야기하다 보면 문학만 읽어 걱정이라는 말씀을 참 많이 하시는데요. 엄밀히 말하면 문학만 읽는 어린이는 없습니다. 문학만 읽는다는 말이 성립되려면 문학 안의 여러 세부 장르를 모두 읽어야 합니다. 그런데 대부분은 문학 안에서도 특정 장르 혹은 특정 소재나 주제의 책만 읽습니다. 물론 그것이 문제가 되진 않습니다. 무엇을 읽느냐보다 얼마나 몰입하여 읽느냐가 문해력 성장을 좌우하는 더 큰 요소가 되니까요.

다만 아이가 문학만 읽어 걱정이라는 부모님에게는 문학의 종류를 조금 더 세분화해서 알려드리고 있습니다. 그래야 아이의 위치를 알고 조금 더 나아갈 수 있도록 도와줄 수 있기 때문입니다. 그 분류는 다음과 같습니다.

문학 그림책부터 시작해 세계 명작까지, 6단계 로드맵을 이해하기 위해서는 우선 문학의 특성을 알아야 합니다. 문학은 기본적으로 인물들이 등장해 사건을 통해 관계를 맺고 사건을 해결하는 과정을 보여줍니다. 이 기본 플롯을 바탕으로 인물이 조금 더 많이 등장하거나 복잡한 관계를 이루거나 또는 사건이 복잡해지는 등의 구성을 갖추게 됩니다. 독자는 이를 읽어낼 수 있는 힘을 키워야 하고요.

누군가는 소설을 두고 '가벼운 소설'이라고 하기도 하지만 소설은 결코 가볍지 않습니다. 이야기의 흐름을 놓치지 않고 읽기 위해서 집중력과 기억력이 필요하며 장면마다 앞의 내용을 계속 상기하며 의미를 새로 구성해야 하기 때문에 읽기 힘이 그 어떤 장르보다 필요하고 중요합니다. 물론 내용 면에서도 복잡한 세상과 인간의 다채로운 면을 다루고 있기에 소설이 가벼울 리는 없습니다.

이런 소설도 단계별로 읽어나가면 읽기 힘을 키울 수 있습니다. 첫 단계인 그림책부터 소개하겠습니다.

1단계 문학
그림책

글자를 모르는 어린이가 손에 그림책을 들고 보는 경우를 보셨나요? 책장을 넘기면서 제법 진지하게 보기도 하고 손으로 그림을 가리키기도 합니다. 어떤 장면은 반복해서 보기도 하고요.

이렇게 글자를 몰라도 읽을 수 있는 책이 그림책입니다. 그림책은 그림이 중심이 되어 스토리를 이끌어가면서 그림으로 상황을 전달하고 주제도 나타내기 때문입니다. 그림책에서 글자는 그림을 보조하는 역할, 그림과 교차 진행되면서 상상력을 자극하는 등의 역할을 합니다.

그림책은 그림과 글이 조화를 이루어 스토리를 만들어내고, 그것이 '책'의 형태로 만들어진 글과 그림의 상호 작용 예술입니다. 이를 읽어나가는 행위가 독서라는 것을 어린이들은 그림책을 통해 처음 경험하게 됩니다. 책을 만지고 손에 들고 책장을 넘겨보면서 물성을 느끼는 경험 또한 어린 독자들에게는 생각보다 낯선 일이기에 그림책을 통해 이런 경험을 충분히 하도록 해주는 것도 중요합니다.

그림책은 어린이들로 하여금 무한한 상상을 하게 합니다. 마쓰이 다

다시는《어린이와 그림책》(마쓰이 다다시 글, 샘터사)에서 현실과 상상의
세계에 대해 이야기하는데요. 어린이책 속에는 상상과 현실 두 세계가
연결되어 있기 때문에 책을 읽는 동안 어린이들은 이 두 세계를 자유롭
게 오간다고 합니다.

더불어 그림책은 마치 '시'와 같아서 짧지만 여운이 강하고 독자의
마음에 오래 남습니다. 이런 그림책의 속성에서 발휘된 책이라는 매체

구분	도서명	저자	출판사
레벨 1 (저학년)	앗, 깜깜해	존 로코	다림
	아무도 듣지 않는 바이올린	캐시 스틴슨	책과콩나무
	점	피터 H. 레이놀즈	문학동네
	무릎 딱지	샤를로트 문드리크	한울림어린이
	거울을 든 아이	안나 회글룬드	곰곰
레벨 2 (중학년)	한밤의 정원사	테리 펜, 에릭 펜	북극곰
	미어캣의 스카프	임경섭	고래이야기
	돼지 이야기	유리	이야기꽃
	다이아몬드	아민 그레더	책빛
	그해 가을	유은실	창비
레벨 3 (고학년)	나무를 심은 사람	장 지오노	햇살과나무꾼
	사라, 버스를 타다	윌리엄 밀러	사계절
	잠에서 깨어난 집	마틴 비드마르크	고래야이기
	월든 : 숲에서의 일 년	헨리 데이비드 소로	길벗어린이
	만년샤쓰	방정환	길벗어린이

의 환상성은 어린이들이 자꾸 책을 펼쳐 들게 만들어서 지속적인 독자로 살아가게 도와줍니다.

무엇보다 그림책은 그 자체로 철학성이 짙습니다. 자아 탐색에서부터 삶과 죽음까지 우리 삶의 곳곳을 들여다보고 작가만의 방식으로 표현한 그림책은, 어린이들로 하여금 세상에서 벌어지는 모든 일을 은연중 알게 하고 너무 힘겹지 않은 방식으로 받아들이게 도와줍니다.

그림책의 그림은 어린이 독자의 마음에 접속되어 다양하고 풍성한 이미지를 구현합니다. 이미지를 읽고 상상하는 힘은 읽기 책의 글 텍스트를 읽을 때에 이미지를 상상할 수 있는 힘, 이해할 수 있는 힘으로 치환됩니다. 또한 그림을 연결하여 의미를 구성하는 것에서 독해가 시작되고, 이 역시 글을 읽고 의미를 구성해야 할 때 도움됩니다.

간혹 그림책을 읽힌 다음, 읽기 책으로 넘어간다고 표현하는 경우가 있는데 그림책과 읽기 책은 본질적으로 다른 매체이므로 넘어간다는 표현은 적절하지 않습니다. 다만 읽기 책은 글이 스토리를 끌어가기 때문에 스토리를 이해하기 위해서는 읽으면서 머릿속에 적절한 장면이 펼쳐져야 하는데 그림책에서 만난 수많은 이미지, 상상으로 만들어진 이미지가 이를 돕는 것일 뿐입니다.

문해력 성장 질문

어린이가 처음 그림책을 만날 때는 우선 그 자체를 느껴보는 것이 중요합니다. 책 표지부터 면지, 그리고 본문, 본문을 덮고 나서의 뒤표지까지 구석구석 살펴봐야 합니다.

읽기 성장 질문	생각 성장 질문 (*표시는 고학년)
책을 읽고 이해하는 힘을 키우기 위한 질문	이해를 바탕으로 책 전체를 보고, 생각하는 힘을 키울 수 있는 질문
1. 이 책의 제목은 무엇인가요?	1. 이 그림책을 읽고 나서 마음 속에 별이 몇 개 반짝였는지 생각해 별점을 매겨보세요.
2. 표지에 무엇이 그려져 있나요?	2. 이 책은 내 마음에 어떤 감정을 주었는지 말해보세요. (행복, 안심, 즐거움, 상상의 즐거움, 재미, 깨달음, 놀라움, 슬픔, 감동, 공감, 다정함 등)
3. 글 작가, 그림 작가의 이름을 읽어보세요.	3. 그림책 앞표지를 보고 어떤 내용일지 상상해서 말해보세요.
4. 책을 넓게 펼쳐 뒤집은 후 앞표지와 뒤표지를 이어 그림을 살펴보고 앞표지만 봤을 때의 느낌과 다른 점을 말해보세요.	4. 마음 속에 콕 박힌 장면을 펼쳐 무엇이 그려져 있는지 다시 말해보고 마음에 박힌 까닭도 말해보세요.
5. 표지를 한 장 넘겨 면지를 보고 어떤 것이 그려져 있거나 써 있는지 말해보세요.	5. 그림책에 나온 인물 중에서 나에게 깊은 인상을 준 사람과 까닭을 말해보세요.
6. 본문 속의 그림을 보고 무엇이 보이는지, 무엇을 그린 것인지 말해보세요.	6. 책 속 그림이 사진인지, 직접 그린 그림인지, 색은 어떻게 칠했을지, 콜라주이거나 다른 방식으로 담은 건 아닐지 살펴보고 이야기해보세요.
7. 이 그림책에서는 어떤 일이 벌어졌는지 말해보세요.	7. 이 그림책 자체의 특징을 말해보세요. (구성, 크기, 등)*
8. 그림책에 등장한 인물을 말해보세요.	8. 글에는 나오지 않았는데 그림에 표현된 것이 있다면 찾아서 설명해보세요.*
9. 인물들이 어떤 일을 했는지 말해보세요.	9. 글 작가나 그림 작가가 쓴 다른 그림책도 찾아 읽어보세요.
10. 이야기가 어떻게 끝났는지 말해보세요.	10. 이 책을 읽어주고 싶은 사람에게 읽어주세요.

2단계 옛이야기

옛이야기에 대한 오해가 많습니다. 다소 시대에 뒤떨어지는 고루한 이야기라거나, 이미 다 알고 있어서 읽지 않아도 된다고 생각하는 것입니다. 또 원전의 잔인함을 이유로 요즘 아이들에게 읽게 하는 것이 적합한지에 대한 논의도 꾸준히 이어지고 있으며 전문가마다 그에 대한 의견도 조금씩 다릅니다.

우선 옛이야기는 말 그대로 오래전부터 전해져온 우리 민족의 이야기입니다. 자연스럽게 그 시대를 살았던 사람들의 정서와 가치관을 담고 있습니다. 권선징악이라는 뚜렷한 주제는 어린이들로 하여금 악은 반드시 처벌받는다는 인식을 심어주어 삶에 대한 믿음과 안정감을 갖게 합니다. 바쁜 일상 속에서 잊고 살아가기 쉬운 '효, 정직, 성실, 도덕, 겸손, 인내, 보은' 등 인류 보편의 가치에 대해 이야기함으로써 삶의 기본을 깨닫게 합니다. 또한 모든 이야기를 재치와 해학으로 풀어냄으로써 이야기가 지닌 힘을 느끼게 하고 이야기의 매력을 알게 하는 것도 옛이야기입니다.

옛이야기의 힘은 무엇보다 매력적인 주인공에서 나옵니다. 주먹만하게 태어났지만 세상을 향해 맞서 나가는 《주먹이》(김중철 글, 웅진주니어)의 주먹이나, 외모 때문에 차별을 당하지만 역시 열심히 살아가는 모습을 보여주는 《반쪽이》(이미애 글, 보림)의 반쪽이는 모두 낮은 곳에 사는 이들입니다. 옛이야기의 주인공은 대체로 이렇게 관심을 받지 못하고 소외된 이들입니다. 사회적 약자 입장인 어린이들은 주인공에게 자신을 이입하고 응원하며 그가 승리했을 때 함께 기뻐합니다. 이 과정에서 이야기가 주는 용기와 삶에 대한 희망을 배우게 됩니다.

간혹 잔인한 내용이 담긴 옛이야기도 있습니다. 예컨대, 〈콩쥐 팥쥐〉의 경우 팥쥐 어멈이 벌을 받아 젓갈로 담겨진다고 묘사된 이야기도 있습니다. 이에 대해 어린이 문학 평론가 이재복은 《아이들은 이야기밥을 먹는다》(이재복 글, 문학동네)에서 아이의 성장을 위해서도 잔혹한 이야기 읽기는 필요하다고 말하고 있습니다. 실제 삶의 현장에서 그런 극한의 인물이나 상황을 경험하기 전에, 이야기를 통해서 아이는 자기 마음속 우주에 살고 있는 어두운 정령들을 만나고 그들과 맞서고 대결하는 정신의 힘을 길러야 한다는 것입니다.

무엇보다 옛이야기의 상황은 이야기를 위해 과장된 것 같아 비현실적으로 느껴지지만 우리가 처한 현실은 훨씬 잔인합니다. 어린이들도 어렴풋이 이를 인지할 뿐 아니라 때때로 불안을 느끼며 삽니다. 부모로부터 버려질지도 모른다는 불안, 남들보다 부족하게 느껴지는 자신이 사회에서 도태될지도 모른다는 불안, 자신 안에 다듬어지지 않은 악을 이기지 못해 나쁜 사람으로 살게 될 것 같은 불안 등을 말이지요.

옛이야기는 이런 불안을 당당히 전면에 내세우는 동시에 주인공이 문제를 해결하는 과정도 보여줍니다. 옛이야기를 오래 연구한 브루노 베텔하임의 말처럼 옛이야기는 어린이들이 읽는 어떤 유형의 이야기보다 인간의 내면 문제에 대해서 많은 가르침을 주고 또 어린이가 처한 난관에 알맞은 해결책을 제시합니다.

옛이야기를 두 번째 단계로 읽는 이유는 뚜렷하고 간결한 줄거리 때문에 비교적 읽기가 쉽기 때문입니다. 전래 동화는 대체로 옛날 옛적, 어느 마을이라는 기억하기 어렵지 않은 평범한 시공간을 제시하며, 예측 가능한 행동을 하는 전형적인 인물이 등장하여 이야기를 풀어나갑니다. 이야기 흐름은 보통 예상대로 흘러가 악은 처벌받고 선은 '행복하게 사는 것'으로 결말이 납니다.

명확한 서사, 구어체로 된 짧은 문장, 반복되는 문장 구조, 장황한 상황 묘사나 설명 등이 없는 사건 중심의 깔끔한 전개 등이 특징입니다. 옛이야기를 읽으며 어린이 독자들은 이야기의 기본 플롯을 자연스럽게 익히게 됩니다. 발단부터 결말까지 크게 막힘 없이 읽을 수 있기 때문에 이야기책을 읽는 힘이 자랍니다.

마지막으로 옛이야기는 브루노 베텔하임이 《옛이야기의 매력1》(브루노 베텔하임 글, 시공주니어)에서 말하듯이 존재의 복잡함을 간단 명료하게 보여주기에 성장 동화나 생활 동화에 앞서 읽어야 합니다. 물론 인간은 단순하지 않습니다. 선과 악으로 명확히 구별되지도 않으며 사람의 일이 무 자르듯 해결되지도 않습니다. 살면서 만나는 고난이 하루아침에 마법처럼 해결되는 것은 더욱 아닙니다. 실제 세상과 세상 속의 인간의 삶을 다룬 소설을 읽어보면 인간이라는 존재와 상황은 한마디로 판단하거나 정의하기 어렵습니다. 그래서 소설이라는 이름으로 끊임없이 만들어지고 읽히는 것이겠지요. 이런 복잡성을 지닌 사람과 세상을 간단명료하게 보여주는 옛이야기를 통해 읽고 나면 좀 더 복잡하게 표현된 이야기들도 읽을 수 있는 것입니다.

구분	도서명	저자	출판사
레벨 1 (저학년)	먹여 주고 재워 주고	김선일	책고래
	뒤집힌 호랑이	김용철	보리
	깜빡깜빡 도깨비	권문희	사계절
	훨훨 간다	권정생	국민서관
	예쁜이와 버들이	박영만	사파리
레벨 2 (중학년)	똥벼락	김회경	사계절
	아씨방 일곱 동무	이영경	비룡소
	얘야, 아무개야, 거시기야!	천효성	문학동네
	내 친구 똥퍼	이은홍	사계절
	신기한 그림 족자	이영경	비룡소
레벨 3 (고학년)	콩쥐팥쥐전	권순긍	휴머니스트
	홍길동전	김남중	웅진주니어
	허생전	최수례	보리
	별난 양반 이선달 표류기	김기정	웅진주니어
	금수회의록	안국선	산하

※《얘야, 아무개야, 거시기야!》는 본래 의미의 옛이야기는 아니지만 옛이야기 형태를 차용하여 쓰인 작품이라 선정하였습니다.

유치부터 저학년까지 읽을 수 있는 옛이야기로는 국민서관에서 나온 《옛날옛적에 시리즈》와 비룡소의 《전래 동화 시리즈》가 있습니다. 앞의 표는 이 시리즈 중에서 몇 권이 포함된 목록입니다.

문해력 성장 질문

옛이야기는 이야기의 기본 플롯을 익히기 좋으므로 플롯에 따라 정리하는 것이 중요합니다. 기본이 되는 인물, 사건, 배경을 중심으로 좀 더 세분화하여 질문하고 답변을 이어가다 보면 생각보다 수월하게 줄거리를 정리할 수 있습니다. 다음 페이지의 읽기 성장 질문을 통해 이야기를 다시 상기하게 해주세요.

그런 다음 생각 성장을 돕는 질문을 하며 이야기 나누어보세요. 이야기를 그대로 수용하는 것이 아니라 옛이야기에 담긴 가치와 오늘날의 가치를 서로 비교하거나, 인물 행동을 칭찬·비판하는 등의 대화를 나눕니다. 옛이야기에서는 인물의 행동이 무척 명확히 표현되어 있어 깊이 생각하지 않으면 선과 악을 쉽게 가르게 됩니다. 이분법적 사고를 경계하기 위해 여러 기준으로 인물을 평가해보는 시간이 필요합니다.

옛이야기와 관련된 전통 문화나 물건, 현대 사회에 비춰봤을 때 어울리지 않는 가치나 상황 등을 찾아 이야기하는 것도 작품을 다각도로 이해하는 데 도움이 됩니다.

여러 질문 중에서 집중적으로 이야기한 것은 따로 골라 글로 정리하게 해주세요. 읽기가 쓰기로 연결되면서 문해력이 더욱 성장합니다.

읽기 성장 질문	생각 성장 질문 (*표시는 고학년)
책을 읽고 이해하는 힘을 키우기 위한 질문	이해를 바탕으로 책 전체를 보고, 생각하는 힘을 키울 수 있는 질문
1. 언제 일어난 일인가요?	1. 인간(우리 사회)의 어떤 문제를 다루고 있나요?*
2. 어디에서 일어난 일인가요?	2. 이야기 속에 나타난 전통 문화나 물건들을 정리해서 써보고 자세한 쓰임이나 내용은 조사해서 정리해보세요.
3. 주인공은 누구인가요?	3. 가장 훌륭하다고 생각하는 인물에게 있는 미덕과 그 미덕이 어떻게 표현되었는지 써보세요.
4. 주인공의 특징은 무엇인가요?	4. 비판할 만한 인물의 행동을 골라 비판하는 이유를 자세히 들어 비판해보세요. (판결문을 써보세요.)
5. 주인공이 겪은 어려움은 무엇인가요?	5. 이야기를 읽고 떠오르는 속담을 찾아보거나 이야기의 주제를 담아 속담을 만들어보세요.
6. 주인공은 그 문제를 해결하기 위해 어떤 시도와 노력을 했나요?	6. 옛이야기 안에 나타난 문제 중 오늘날 우리 사회에서 볼 수 있는 문제는 무엇인지 신문 기사나 뉴스를 찾아보고 어떻게 비슷한지 정리해보세요.
7. 주인공의 문제는 어떻게 해결되었나요?	7. 이야기 속에서 벌을 받은 인물은 혹시 억울함이 없을지 그 인물의 입장에서 억울함을 호소하는 문장을 써보세요.
8. 주인공을 더 힘들게 한 사람은 누구이며 어떻게 힘들게 했나요?	8. 인물들의 행동과 다르게 행동하고 싶은 부분이 있다면 여러분이 작가가 되어 그 부분부터 다시 써보세요.
9. 주인공을 도운 조력자는 누구이며 어떻게 도와주었나요?	9. 이 이야기에서 이야기하는 주제나 가치가 현실과 어울리지 않는 것이 있다면 무엇일지 생각해보세요.
10. 주인공은 사건을 통해 어떻게 변화했나요?	10. 이야기에서 찬성 반대로 나누어 토론할 수 있는 주제를 찾아 토론해보세요.

3단계 사실 동화
(생활 동화, 성장 동화)

　　어린이들은 어른들과 함께 현실 세계에서 살아갑니다. 가족을 중심으로 하여 학교에서 친구 관계를 맺고, 학원, 지역 사회 등 조금씩 범위를 넓혀가며 다양한 관계를 맺지요.

　　관계가 늘어날수록 갈등과 고민은 필연적입니다. 관계 속에서 벌어지는 외적 갈등과 내적 갈등, 이 세계에 몸담고 살아가면서 필연적으로 마주치게 되는 고차원적인 갈등으로 인해 우리는 늘 고민하고 답을 찾기 위해 애씁니다.

　　어린이들이 삶에서 마주한 문제의 답을 찾아가게 도와주는 책이 바로 생활 동화, 성장 동화입니다. 전래 동화를 통해 선과 악의 대립에서 결국 선이 승리한다는 믿음을 얻어 안정적으로 이 세계에 정착하고 살아가지만, 결국 우리가 사는 현실 세계에서의 다양한 갈등과 고민은 어린이들도 살아가는 내내 풀어야 할 숙제입니다.

　　생활 동화, 성장 동화는 어린이들의 일상을 소재로 하여 누구나 겪을 수 있는 삶의 문제를 다루고 있기 때문에 요즘 어린이들의 고민과 생각이 잘 담겨 있습니다. 일상적으로 겪을 수 있는 형제간의 다툼을 비롯하여, 부모님과의 갈등, 친구 관계에서의 문제, 학교 생활에서 생겨나는 문제나 이웃 간의 갈등, 자라면서 누구나 한 번쯤 마주하는 자기 정체성에 대한 고민을 세세하게 다루고 있습니다.

더 나아가 우리가 사는 세상의 사회 문제들, 예컨대 가난, 전쟁, 환경, 재난, 폭력 등의 문제 또한 어린이책이 다루고 있고 또 다루어야만 하는 영역입니다. 나와 세계는 분리되어 있지 않고, 세계의 문제는 누구 한 사람으로부터 비롯된 것이 아닌 우리 모두의 문제이기 때문입니다. 다만 문제에 귀를 기울이며 노력하려는 사람과 관심이 없는 사람만이 있을 뿐입니다. 독서의 한 가지 목적이 조금 더 나은 사람으로의 지향이라면 어린이들 또한 사회 문제를 다룬 이야기까지 읽어야 하는 것이지요.

생활 동화와 성장 동화는 우리 삶을 매우 현실적으로, 구체적으로 다루고 있기 때문에 공감하며 읽을 수 있다는 큰 장점이 있습니다.《욕 좀 하는 이유나》(류재향 글, 문학동네)는 욕을 들어 속상한 친구를 위해 욕을 창조해내는 유나의 이야기가 친구 관계와 맞물려 무척 재미있게 표현되어 있습니다. 이 책을 읽은 어린이들은 욕에 대한 경험을 바탕으로 욕에 대한 생각을 자유롭게 표현하면서 나아가 언어 생활에 대해서도 풍성한 이야기를 풀어냈습니다. 공감을 통한 성장이 자연스럽게 이루어진 것입니다.

결말 또한 전래 동화처럼 해피엔딩이 아니라 우리 삶이 그러하듯 매우 현실적으로 그리고 있어서 사건이 일어나고 해결되는 과정부터 결말에 이르기까지 몰입하여 읽다 보면 문제 해결력 또한 키울 수 있습니다. 삶의 문제가 단번에 해결되지 않는 것처럼 책 한 권을 읽는다고 어린이들의 모든 고민이 시원스럽게 해결되지는 않습니다. 다만 동화 속 인물을 통해 자신과 타인의 다양함과 삶의 복잡성을 조금씩 이해하고 공감하면서, 자신의 고민과 문제를 해결할 실마리를 찾고 마음의 뿌리를 단단히 세워줄 힘을 얻는 것이지요.

구분	도서명	저자	출판사
레벨 1 (저학년)	달달 문구점 별별 문구점	조성자	책딱지
	1004호에 이사 왔어요!	박현숙	좋은책어린이
	언제나 칭찬	류호선	사계절
	뜀틀의 학교 탈출	무라카미 시이코	북뱅크
	잔소리카락을 뽑아라	김경미	잇츠북어린이
레벨 2 (중학년)	욕 좀 하는 이유나	류재향	위즈덤하우스
	판타스틱 듀오	곽영미	숨쉬는책공장
	13의 얼굴	김다노	위즈덤하우스
	가정 통신문 소동	송미경	스콜라
	오늘부터 배프! 베프!	지안	문학동네
레벨 3 (고학년)	마지막 이벤트	유은실	비룡소
	악플 전쟁	이규희	별숲
	인플루언서 엄마를 고발합니다	제성은	예림당
	우리 가족은 덕질 중	제성은	개암나무
	유튜브가 졸졸 따라와	안점옥	바람의아이들

생활 동화를 전래 동화 다음으로 읽는 이유는 전래 동화에 비해 다양한 측면에서 복잡성이 더해진 문학이기 때문입니다. 많지 않은 수의 전형적 인물과 결말이 예측되는 사건의 진행과 흐름, 그리고 예상한 결말을 보여주는 전래 동화에 비해 생활 동화가 다루는 소재는 조금 더 넓고, 더 다양한 성격과 상황의 인물이 등장합니다. 그러다 보니 당연히 흐름 또한 예측하기보다 상상하며 따라가는 읽기를 하게 됩니다. 이 과정에서 전래 동화에 비해 인지적 노력을 더 기울여야 하지만 또 그 편차가 아주 크지는 않기 때문에 전래 동화 다음으로 읽기를 권합니다.

어린이들의 삶과 밀접한 생활 이야기이면서 마음의 성장, 한 인간으로의 성장을 돕기에 성장 동화라고도 불리는 생활 동화를 접하도록 도와주세요.

문해력 성장 질문

생활·성장 동화를 읽은 후에는 인물과 사건을 먼저 이해하는 과정에서 공감하고, 그 공감을 토대로 나로부터 세계로 확장해 이해의 폭을 넓혀가는 것이 중요합니다. 인물을 이해하기 위해서는 여러 측면에서 평가해보는 것이 필요하며, 생각을 나눌 만한 주제가 있다면 토론해보는 것 또한 책을 이해하는 것, 더 나아가 책이 보여주는 사람과 삶, 세상을 이해하고 인식의 지평을 넓히는 데 도움이 됩니다.

읽기 성장 질문	생각 성장 질문 (*표시는 고학년)
책을 읽고 이해하는 힘을 키우기 위한 질문	이해를 바탕으로 책 전체를 보고, 생각하는 힘을 키울 수 있는 질문
1. 언제, 어디에서 일어난 일인가요?	1. 책을 읽은 소감을 한 문장이나 공감 별점 으로 말해보세요.
2. 주인공은 누구이며, 어떤 문제를 가지고 있나요?	2. 마음에 남는 문장(기억하고 싶은 문장) 을 한 문장을 말해보세요.
3. 주인공과 갈등 관계에 있는 인물은 누구 이며, 어떤 갈등을 겪고 있나요?	3. 가장 공감했던 상황이나 인물의 행동과 까닭은 무엇인가요?
4. 주인공은 문제를 해결하기 위해 어떤 시 도를 했나요?	4. 공감하지 못한(또는 불편한) 인물의 말 이나 행동, 상황과 까닭은 무엇인가요?
5. 주인공의 문제는 어떻게 해결되었나요?	5. 인물의 행동 중 나라면 다르게 행동했을 부분과 까닭은 무엇인가요?
6. 나, 가족, 친구, 사회 문제 중 어떤 것을 다루고 있나요?	6. 책에 나온 상황과 비슷한 경험이 있었다 면 소개해보세요.
7. 이 책을 쓴 작가 소개를 읽어보세요.	7. 이 책을 읽고 토론해보고 싶은 주제가 있 다면 무엇인지 말하고 토론해보세요.*
8. 이 책의 서문을 읽어보세요.	8. 이 책과 관련된 사회 문제와 그 문제를 해결할 방법을 말해보세요.*

4단계 판타지
동화

　《영모가 사라졌다》(공지희 글, 비룡소)에서 영모는 아버지의 큰 기대와 때때로 이어지는 폭력으로 힘겹게 살아갑니다. 그런 영모가 어느 날 사라졌는데 영모가 간 곳은 '라온제나(즐거운 나)'라는 환상 공간입니다. 나이든 몸으로 살아본 영모는 현실로 돌아와 행복이 더해진 삶을 살아가기 위해 애씁니다. 영모가 간 환상 세계는 현실로부터 도피한 곳이 아닌 자신을 추스르고, 다시 삶을 살아가게 하는 곳이었습니다. 동화 작가이자 평론가인 김서정이 저서《판타지 동화를 읽습니다》(김서정 글, 학교도서관저널)에서 말한 것처럼 갈등을 겪는 아이는 환상 세계로 들어가서, 현실 속의 자기에게는 없는 힘을 얻어 나오는 것이지요.

　어른들이 그러하듯 어린이들 또한 저마다 자신이 놓인 삶의 환경이 있고, 환경으로 인한 고민이 있습니다. 어린이의 고민은 때로 가벼운 것으로 치부되기도 하다 보니, 정당한 위로를 받지 못하는 일이 비일비재하게 일어납니다. 그런 어린이들을 구원하는 환상 세계가 있다는 것, 그 환상 세계를 구현한 판타지 문학이 있다는 사실은 그런 점에서 얼마나 감사한 일인지 모릅니다.

판타지가 주는 위안과 성숙은 개인의 삶에만 머물지 않습니다. 남찬숙 작가의 《사라진 아이들》(남찬숙 글, 문학동네)에는 전쟁과 폭력, 굶주림으로부터 도피한 어린이들이 모인 세계가 제시됩니다. 주인공 현아가 만난 어린이들은 우리 모두가 외면해서는 안 될, 지금도 어딘가에서 살고 있을 어린이들입니다. 《트리갭의 샘물》(나탈리 배비트 글, 오늘책)은 마시면 죽지 않고 영원히 살 수 있는 샘물을 소재로 영생, 인간의 삶과 죽음에 대해 고찰하게 하는 철학적 판타지입니다.

판타지 문학은 그동안 저평가되어 왔음은 물론 지금도 어느 정도 오해받는 부분이 있습니다. 어린이들이 판타지 문학을 읽지 못하게 하는 어른들을 종종 보는데요. 독서 교육 강연장에서도 '판타지만 읽어서 걱정이다'라는 고민을 자주 듣습니다. 심지어 '판타지만 읽는데 우리 아이는 공부를 잘한다'는 이야기도 들어봤습니다.

일본의 임상심리학자인 가와이 하야오는 《판타지 책을 읽는다》(가와이 하야오 글, 비룡소)에서 '현실은 의외로 다층성을 지니고 있다. 자기가 보고 있는 '이 세계'가 유일한 현실이라고 믿는 것은 너무 가벼운 생각이다'라고 했습니다. 상상과 현실 세계를 자유롭게 넘나들 수 있을 때, 어린이는 자신만의 새로운 세계를 구축하며 건강한 사람으로 살아갈 수 있습니다. 어른들이 지닌 삶의 불안으로 어린이를 현실에 안착하게 한다면 삶이 너무 팍팍하다고 느끼지 않을까요? 현실만이 전부라는 생각이 오히려 현실을 바로 보지 못하게 할 수 있습니다.

읽기 성장 차원에서 판타지 동화를 사실 동화인 생활 동화(성장 동화) 다음으로 추천하는 이유는 바로 판타지 동화가 지닌 환상성 때문입니다. 판타지 동화는 시공간의 변화와 확장을 통해 새로운 세계를 제시하는데, 그러다 보니 사실 동화와는 조금 다른 구조, 복잡한 구성일 때가 있습니다. 또한 판타지 문학은 시리즈로 나오는 경우도 많기 때문에 읽기 호흡을 조금 더 필요로 하는 경우도 있으나 재미에 대한 확신이 있다면 처음부터 몰입하여 읽을 수 있는 책이 판타지 동화이기에, 그런 점

구분	도서명	저자	출판사
레벨 1 (저학년)	컵고양이 후루룩	보린	낮은산
	한밤중 달빛 식당	이분희	비룡소
	꿈이 사라진 날	고정욱	한솔수북
	이사도라문, 학교에 가다	해리언 먼캐스터	을파소
	캡슐 마녀의 수리수리 약국	김소민	비룡소
레벨 2 (중학년)	양말 마녀 네네칫	신현경	요요
	꼬르륵 식당	윤숙희	미래엔아이세움
	꽝 없는 뽑기 기계	곽유진	비룡소
	시간 가게	이나영	문학동네
	귀신도 반한 숲속 라면 가게	이서영	크레용하우스
레벨 3 (고학년)	도깨비폰을 개통하시겠습니까?	박하익	창비
	얼굴 바꾸기	강유진	별숲
	마지막 레벨 업	윤영주	창비
	사자왕 형제의 모험	아스트리드 린드그렌	비룡소
	트리갭의 샘물	나탈리 배비트	오늘책

에서는 읽기력의 질적 성장 또한 가능하게 해주지요.

문해력 성장 질문

판타지는 현실과 환상의 경계를 시간, 장소, 물건 등의 요소로 구분하고 판타지 세계를 통해 인물이 어떤 변화를 겪었는지 아는 것이 중요합니다. 모든 이야기는 기본 요소인 인물, 사건, 배경에 대한 이해가 있어야 작가가 만든 이야기가 또렷해지는데, 판타지는 배경이나 인물의 변주가 있는 작품이기 때문에 내용 이해의 기준 중 한 가지를 현실 세

읽기 성장 질문	생각 성장 질문 (*표시는 고학년)
책을 읽고 이해하는 힘을 키우기 위한 질문	이해를 바탕으로 책 전체를 보고, 생각하는 힘을 키울 수 있는 질문
1. 언제, 어디에서 일어난 일인가요?	1. 책을 읽은 소감을 한 문장이나 공감 별점으로 말해보세요.
2. 주인공은 어떤 고민이나 갈등을 겪고 있나요?	2. 주인공이 처한 상황이나 고민, 갈등을 보고 마음이 어땠나요?
3. 이야기에서 현실 요소와 환상 요소를 구분하여 이야기해 보세요. (장소나 시간, 물건, 사람 등)	3. 여러분이 가진 고민이나 해결하고 싶은 문제는 무엇인가요?
4. 주인공은 '환상 요소'를 통해 어떻게 변화했나요?	4. 나의 문제를 해결하기 위한 방법은 무엇일까요? '환상'을 통해 해결할 수 있는 방법을 생각해보세요.*
5. 이야기의 마무리는 어떻게 되었나요?	5. 여러분이 꿈꾸는 세상을 이야기로 만들어보세요.*

계와 판타지 세계를 구분하는 데 두는 것이지요. 또한 이야기 속 인물이 판타지 세계를 마주하기까지의 고민과 아픔에 비추어 자신의 현재 상황을 돌아보며, 자신만의 판타지 세계를 그려보는 것이 작품 속 인물과 자신을 이해하고 위로하는 한 가지 방법이 될 수 있습니다.

5단계 추리 동화

    초등학생 시절, 읽을 책이 없나 두리번거리던 저는 우연히 모리스 르블랑의 《기암성》이라는 책을 손에 집어 들게 되었습니다. 어떤 내용인지, 어떤 장르인지도 모르고 읽기 시작한 그 책을 손에서 놓지 못하고 밤새 읽었던 기억이 지금도 생생합니다. 당시 저의 읽기 능력을 훨씬 웃도는 책이어서 같은 부분을 읽고 또 읽었던 기억, 어렵긴 하지만 무언가 빠져들 것 같은 기분을 포기하지 못해 책장을 넘기면서 조금 힘들었던 기억, 점점 몰입의 시간을 경험하며 다 읽고 나서는 문학의 새로운 면을 만난 것 같은 설렘으로 한동안 충만했던 경험을 아직도 잊지 못합니다. 그 후로 한동안 저는 추리 소설에 푹 빠져 지냈습니다.

    추리 소설은, 말 그대로 추리 서사를 가진 책입니다. 어떤 사건이나 상황이 미리 제시된 후에 사건이 벌어진 이유, 사건을 만든 범인, 또는 그 상황이 만들어진 이유를 찾아가는 구성으로 되어 있습니다. 작가가 설정한 상황 속으로 한 발자국 들어간 독자는 빨려들 듯이 책장을 넘기게 되고, 결국 읽는 내내 그렇게 궁금해하던 결말을 맞이하고 통쾌한 비명을 지르거나 해소감을 느끼며 책장을 덮게 됩니다.

모든 문학은 결말에 도달하기 위해 읽는다고 저는 생각합니다. 결말이 궁금해 책을 손에서 놓지 못하고 이야기 흐름을 따라, 작가를 믿고 같이 걸어가는 것, 그것이 문학 읽기의 매력이며, 이 매력을 아는 이들이 결국 지속적인 문학 독자가 되는 것이겠지요.

구분	도서명	저자	출판사
레벨 1 (저학년)	탐정 백봉달 빨간 모자를 찾아라!	정혜윤	책읽는곰
	추리 천재 엉덩이 탐정 1	트롤	미래엔아이세움
	다락방 명탐정 1	성완	비룡소
	헛다리 너형사	장수민	창비
	소녀 탐정 캠 : 도둑맞은 다이아몬드	데이비드 A. 애들러	논장
레벨 2 (중학년)	별난 반점 헬맷뚱과 X사건	이향안	웅진주니어
	명탐견 오드리 : 수사는 발끝에서부터	정은숙	사계절
	엉뚱소심 유령 탐정단	도리 힐레스타드 버틀러	한빛에듀
	칠칠단의 비밀	방정환	사계절
	스무고개 탐정과 마술사	허교범	비룡소
레벨 3 (고학년)	슈퍼 명탐정 로리 : 명탐정의 탄생	앤드류 클로버	주니어RHK
	불붙은 링을 뛰어넘는 소년	허교범	아르볼
	착각 탐정단 1	후지에 준	을파소
	탐정왕 미스터 펭귄	알렉스 T. 스미스	아름다운사람들
	에밀과 탐정들	에리히 캐스트너	시공주니어

책을 좋아하는 어린이에게 어떤 책을 좋아하는지 물어보면 대체로 이렇게 결말이 궁금해서 읽게 되는 책이라고 말합니다. 사실 그런 책은 대체로 과정 또한 재미있을 수밖에 없습니다. 과정은 재미없고 결말만 재미있는 책은 거의 없으니까요.

문학이라는 장르 자체가 이렇게 읽기 시작하면 어느 정도 빠져들게 되는데 그중에서도 추리 소설은 재미가 어느 정도 보장된 책이라 더 쉽게 몰입할 수 있습니다. 뭔가 감추어져 있다는 것만으로 이미 독자는 궁금증을 가지게 되거든요. 이 궁금증을 바탕으로 퍼즐을 맞추듯 읽어나가는 과정에서 독자는 끊임없이 추리하고, 자신의 추리와 서사를 꿰맞추며, 온갖 상상력을 동원하게 됩니다. 제시된 단서들을 통해 결말을 예상하다 보면 논리성도 갖추게 되며, 궁금증을 해결하기 위해 속도를 내서 읽는 과정을 거치며 문학을 읽어내는 힘 또한 성장하게 됩니다. 추리 동화 역시 시리즈로 나오는 경우가 많기 때문에 이어서 읽다 보면 읽기 호흡 또한 자연스럽게 늘어납니다.

단순히 서사를 따라가는 것이 아니라 독자가 적극적으로 상황을 추론하고 상상하며 논리성을 발휘해야 한다는 특성이 있기에 추리 동화를 사실 동화 다음으로 읽어봄직한 책으로 소개하고 있습니다. 어린이들의 시선에 맞추어서 오히려 짧고 쉽게 구성된 것도 많아, 사실 동화에 흥미를 못 붙이는 어린이들이 먼저 집어 들기에도 좋은, 양면성이 있는 장르입니다.

문해력 성장 질문

추리 동화도 기본적인 이야기 구성 요소를 파악하는 것이 중요합니다. 언제, 어디에서 일어난 일인지, 인물에게 벌어진 사건은 무엇이며 어떻게 해결되었는지 말해보는 것인데요. 사건의 발생과 해결 과정이 사실 동화보다 복잡하니 책을 다시 살펴보며 답할 수 있도록 도와주세요.

읽기 성장 질문	생각 성장 질문 (*표시는 고학년)
책을 읽고 이해하는 힘을 키우기 위한 질문	이해를 바탕으로 책 전체를 보고, 생각하는 힘을 키울 수 있는 질문
1. 언제 어디에서 일어난 일인가요?	1. 책을 읽은 소감을 한 문장이나 공감 별점으로 말해보세요.
2. 어떤 사건이 벌어졌나요?	2. 이 책의 긴장감과 몰입도를 별점으로 말해보세요.
3. 인물은 사건을 해결하기 위해 어떤 노력을 했나요?	3. 사건이 일어난 까닭은 무엇인가요?
4. 사건을 해결하는 과정에서 겪은 어려움은 무엇인가요?	4. 우리 주변에서 비슷한 일이 있다면 말해보세요.
5. 사건을 중심으로 인물 관계를 설명해서 써보세요.	5. 사건을 풀어나가는 데 있어 중요한 단서는 무엇이었나요?*
6. 사건의 결말은 어떻게 되었나요?	6. 읽으면서 나의 예상과 다르게 흘러간 부분이 있다면 말해보세요.*
7. 사건을 해결하는 데 가장 큰 공이 있는 인물은 누구인가요?	7. 결말에 대한 내 의견을 말해보세요. (아쉬운 점이나 흡족한 점을 중심으로)

6단계 세계 명작

우리는 세상에 왜 태어났을까요? 세상은 우리에게 어떤 의미이고 이 세상 속에 사는 '나'는 어떤 존재일까요? 살아가는 동안 답을 찾을 수는 있을까요? 어쩌면 우리가 사는 이곳은 모호함으로 가득 차 있어 누구나 불확실함을 안고 살아가는지도 모르겠습니다.

그런데 마치 우리는 모든 것을 다 아는 것처럼 이 세계를 규정하고 또 답을 내리기를 원하며 누군가는 또 어떻게 사는 것이 정답인지 알려주기도 합니다. 불안에서 벗어나 안정을 유지하고자 하는 사람의 특성상 그렇게 답을 찾고 싶어 하는 것이 당연할지도 모르겠습니다. 그러나 답을 빨리 찾으려고 할수록 더 이상 세계와 나에 대해 탐구하지 않게 됩니다. 탐구심을 잃는 순간 더 나은 삶에 대한 고민 또한 사라지고, 생각하지 않는 사람으로 살게 되겠지요. 생각하지 않는 삶은 결단코 주체적일 수 없으며 자기다워질 수 없고 이것은 인간다운 삶, 행복한 삶의 본질에서 벗어나는 것입니다.

그런 우리를 깨우며 세상에 질문을 던지라고 말하는 것, 자신을 좀 더 탐구하라고 이야기하는 것이 있으니 바로 세계 명작입니다. 물론 문학이 모두 그렇지만 명작은 좀 더 이 세계를 폭넓게 조망하고 인간의 삶 모든 영역에 개입하여 다채로운 인간 군상을 통해 이야기를 펼쳐냅니다. 이야기 속에 담긴 모든 삶의 가치와 주제는 우리가 더 나은 세계로 나아가도록 도와주지요.

13살 어린이들과 《크리스마스 캐럴》(찰스 디킨스 글, 시공주니어)을 읽은 적이 있습니다. 스크루지의 삶을 보며 어떻게 살아야 하는지, 행복한 삶이란 무엇인지 이야기를 나누었지요. '행복한 자신의 모습을 찾으려고 애쓰지 않는 것'이 행복이라는 한 어린이의 말에 때때로 행복을 갈망하고 집착했던 제 모습이 오버랩되며 과연 행복은 무엇인지 새삼 고민했던 기억이 납니다.

행복에 대해 이야기하기 위해서는 행복의 정의부터 생각해봐야 하는 것처럼 세계 명작이 던지는 질문에 답을 찾으려고 하면 어느새 질문이 꼬리에 꼬리를 물게 됩니다. 이 과정에서 명확한 답을 찾을 수 없을지도 모르지만 적어도 우리는 누가 정해준 답안대로, 방식대로 살아가는 것이 아니라, 스스로 질문하고 답하며 삶을 개척해나가는 태도를 기르게 되는 것만은 분명합니다.

어린이들은 매일 해야 할 일을 하고, 정해진 규칙에 따라 생활하고 있습니다. 한창 자랄 시기이기 때문에 기본 생활 태도 형성을 위한 습관을 길러야 하고 원활한 학교 생활은 물론 공부도 어느 정도 해야 할 것입니다. 그런데 가끔 어른들이 정해둔 규칙과 해야 할 일에 저항하는 어린이들, 또 그런 모습 때문에 어린이와 갈등을 겪거나 고민을 가진 부모님을 봅니다.

어른들이 정한 규칙에 의문을 가지고 스스로 결정한 대로 하고 싶어 하는 것은 어린이들이 주체적인 자아가 있는 존재이기 때문입니다. 주체적인 자아는 이 세계의 규칙에 늘 의문을 가지고, 다르게 보려고 노력하며 끊임없이 질문을 던집니다. 이런 아이에게 질문을 더 촉발시키고 생각하게 돕는 세계 명작을 권해주세요. 책을 통해 끊임없이 삶에 질문을 던지는 아이라면 어떤 모습으로 살든 자기답게 잘 살아갈 수 있을 거라 믿습니다.

세계 명작을 초등 어린이가 읽을 수 있는 문학 단계 중 가장 높은 단계인 6단계로 정하는 이유는, 언급했다시피 인간의 다양한 삶을 다루며, 독자에게 던지는 주제도 다채롭고 심오하기 때문입니다. 삶과 죽음, 돈, 사랑, 모험, 도전, 진실, 도덕 등을 넘어 결국 인간이란 무엇인지에 대한 질문을 던지기 때문에 초등 어린이가 읽을 수 있는 문학의 단계에서 가장 높은 단계로 생각하고 권하시면 좋겠습니다.

특히 명작은 사람과 장면, 사실 등에 대한 묘사가 많고, 함축적 의미를 담은 문장이 자주 등장합니다. 인물 관계가 복잡한 경우도 있고,《레미제라블》(빅토르 위고 글, 비룡소)처럼 역사적 배경에 대한 이해가 필요한 작품도 꽤 있습니다. 초등 어린이가 읽을 수 있는 문학 중에서는 가장 높은 단계로 소개하고 있지만 다 읽어야 한다는 의미는 아니며 다 읽을 수도 없습니다. 세계 명작과의 첫 만남이 가능하다는 의미로 이해해주시면 좋겠습니다.

최근에는 고래의숲 출판사에서《위대한 개츠비》를 시작으로 세계

문학 그림책을 꾸준히 출간하고 있습니다. 완역의 큰 줄기를 간략한 텍스트로 정리하고 아름다운 그림과 함께 보여줍니다. 명작은 완역을 읽어야 한다는 대전제가 가끔 무겁게 다가올 때면 예술 작품을 감상한다는 생각으로 펼쳐보는 것도 좋습니다.

구분	도서명	저자	출판사
레벨 1 (저학년)	행복한 왕자	오스카 와일드	어린이작가정신
	변신	프란츠 카프카	고래의숲
	사람은 무엇으로 사는가	레프 니콜라예비치 톨스토이	두레아이들
	어린 왕자	앙투안 드 생텍쥐페리	우리동네책공장
	나무를 심은 사람	장 지오노	두레아이들
레벨 2 (중학년)	아낌없이 주는 나무	쉘 실버스타인	시공주니어
	플랜더스의 개	위더	비룡소
	오즈의 마법사	라이먼 프랭크 바움	어린이작가정신
	마지막 잎새	오 헨리	아이세움
	행복한 청소부	모니카 페트	풀빛
레벨 3 (고학년)	레미제라블	빅토르 위고	비룡소
	꽃들에게 희망을	트리나 폴러스	시공주니어
	지킬 박사와 하이드 씨	로버트 루이스 스티븐슨	비룡소
	이상한 나라의 앨리스	루이스 캐럴	시공주니어
	크리스마스 캐럴	찰스 디킨스	시공주니어

문해력 성장 질문

세계 명작은 문장의 아름다움이나 깊이를 느끼며 읽는 것이 중요합니다. 조금 어려운 문장이 있다면 필사나 낭독을 해보고 작품을 이해하는 데 필요한 시대 배경도 찾아서 정리해봐야 내용을 온전히 파악할 수 있습니다. 모든 문학이 그렇지만 세계 명작은 특히 작가의 삶을 살펴보는 것이 작품을 깊이 이해하는 데 도움됩니다. 그리고 작품이 말하고자 하는 주제어를 뽑아 토론하면서 삶의 여러 가치에 대한 생각을 서로 나눈다면 우리가 문학 작품을 통해서 무엇을 얻을 수 있는지 몸소 느껴볼 수 있을 거예요.

지금까지 문학 읽기 과정을 총 6단계로 나누어 로드맵을 소개했습니다. 제가 말씀드린 내용을 모든 책에 일반화하여 적용할 수는 없습니다. 책 한 권 한 권마다 고유한 특성이 있어 '문학'이라는 범주, 혹은 그 하위 요소로 세분화해서 소개해드린 문학 그림책, 옛이야기, 사실 동화, 판타지 동화, 추리 동화, 세계 명작 등의 분류로만 접근하기는 어렵기 때문입니다.

하나의 장르도 여러 특성이 있다는 점도 염두에 두시면 좋겠습니다. 예컨대,《사자왕 형제의 모험》(아스트리드 린드그렌 글, 창비)의 경우에는 판타지 동화이면서 세계 명작이기도 합니다.《콩쥐팥쥐전》(권순긍 글, 휴머니스트)의 경우 2단계 옛이야기 도서로 소개했는데, 6단계 분류에 포함하진 않았으나, 우리 고전에 속하는 작품이기도 하여 3단계 사실 동화에 비해 어렵게 느끼는 어린이도 있을 수 있습니다.

무엇보다 책이라는 매체의 속성상 자신의 문해력에 맞는 도서만 읽지는 않을 뿐더러, 어린이가 독서에서 가장 중요하게 여기는 것은 장르가 아니라 '책의 내용이 나에게 얼마나 흥미로운가'입니다. 독서에서 가장 중요한 것은 독자의 관심도와 호감도라는 말이지요. 편의상 '단계'라는 용어를 사용했으나, 독서가 반드시 단계대로만 진행되지는 않는다는 점을 꼭 고려해주세요.

결론적으로, 6단계 로드맵을 참고하여 큰 그림을 그리되, 단계나 도서 목록에만 지나치게 집중해서 어린이가 독서에 흥미를 잃는 일이 없도록 융통성 있게 활용해주시기를 부탁드립니다.

읽기 성장 질문	생각 성장 질문 (*표시는 고학년)
책을 읽고 이해하는 힘을 키우기 위한 질문	이해를 바탕으로 책 전체를 보고, 생각하는 힘을 키울 수 있는 질문
1. 언제, 어디에서 일어난 일인가요?	1. 책을 읽은 소감을 한 문장이나 공감 별점으로 말해보세요.
2. 주인공의 주변 사람들을 소개해보세요.	2. 아름답다고 생각하는 문장을 천천히 옮겨 쓰고 낭독해보세요.
3. 인물(주인공과 주변 사람)이 가지고 있는 가장 큰 고민이나 삶의 문제는 무엇인가요?	3. 의미가 깊고 심오하다고 생각되는 문장이 있다면 옮겨 쓰고 어떤 의미일지 나름대로 해석해보세요.*
4. 인물(주인공과 주변 사람)이 살고 있는 시대로 인해 겪고 있는 갈등이나 문제가 있다면 무엇인가요?	4. 이 책이나 인물의 상황을 이해하기 위해 필요한 시대 배경이 있다면 여러 경로로 조사하여 정리해보세요.*
5. 이야기의 결말은 무엇인가요?	5. 이 책을 쓴 작가의 나라와 이력을 책날개의 정보나 온라인 정보 등을 활용해 정리해보세요.*
6. 작가 소개를 읽어보세요.	6. 이 책에서 말하는 가장 핵심 주제어를 찾아 토론해보세요. (자유, 희생, 가난, 꿈, 진실, 자아, 사랑 등)*
7. 주인공이 중요하게 여긴 것(가치 등)이 있다면 무엇인가요?	7. 인물의 선택이나 행동에 대해 의견이나 생각을 밝혀보세요.
8. 등장 인물 관계도를 그려보세요.	8. 이 책을 통해 여러분의 생각에 변화가 생긴 점, 새롭게 인식하게 된 점이 있다면 말해보세요.*

비문학 독해
6단계 로드맵

비문학 독서 문해력

1 책
고르기

2 작가의
말, 목차
읽기

3 훑어
읽기

4 구조화
하며
읽기

5 다섯 줄
책소개
하기

6 비문학
독서
점검

비문학책을
읽기 전에

비문학은 말 그대로 문학이 아닌 글을 말합니다. 문학을 책의 중심으로 여기는 시선에서 나온 배타적인 용어이기 때문에 비문학이 아닌 지식정보책, 혹은 지식글이라고 칭해야 한다는 관점도 있습니다. 저 역시 문학과 비문학은 각각 글의 목적과 필요가 다르기 때문에 우위를 구분할 문제는 아니라고 생각합니다. 다만 이 책에서는 '문학 읽기'와 대조되는 의미로, 독자의 이해를 돕기 위해 편의상 비문학으로 지칭하려고 합니다.

비문학도서는 역사, 사회, 과학, 문화, 인물 등 종류가 무척 많습니다. 사회는 또 정치, 경제, 법 등으로 분류되지요. 분야가 아닌 '글'을 기준으로 말씀드리면 설명 글, 주장하는 글, 칼럼 등으로 나눠볼 수도 있습니다. 이렇게 다양한 종류의 글을 읽고 이해하는 일은 결코 쉬운 일이 아닙니다. 글이라는 것 자체가 읽는 사람의 취향 문제와도 연결되어 있기 때문인데요. 좋아하지도 않고 관심 영역도 아닌 글은 평소 거의 읽지 않기 때문에 배경지식부터 부족합니다. 읽을 마음도 없고 배경지식도 부족한 상황에서, 그렇다면 어떻게 다양한 비문학글을 읽고 이해할 수 있을까요?

저는 바로 이 지점에서 비문학 '지문'이 아닌 '비문학책' 읽기를 권유하고 싶습니다. 보통 비문학책은 공부를 위해 읽는 글이라는 인식이 무척 강합니다. 그래서 너무 어릴 때부터 '선행 학습'의 개념으로 비문학책을 전집이나 세트로 들이기도 하고요. 그러다가 어린이가 잘 읽지 않으면 비문학 독해 문제집을 활용해 비문학 독서력을 끌어올리려고 노력하기도 합니다. 가끔은 또 교과서 읽기가 기본이라며 교과서 텍스트 읽기를 권유하는 전문가도 있습니다.

이런 상황이다 보니 부모님 입장에서는 혼란스러울 수밖에 없습니다. 비문학 텍스트를 꼭 읽어야 하는 것인지, 그렇다고 하면 교과서, 독해 문제집, 책 중 무엇을 선택해야 하는 것인지, 책을 읽게 하고 싶은데 읽지 않을 때 대안은 무엇일지, 만약 잘 읽는다면 잘 읽었는지 확인하는 방법은 무엇이며 적절한 독후활동은 어떻게 해주어야 하는 것인지, 궁금한 것이 많으실 거예요.

우선 텍스트에 대한 이야기부터 해보겠습니다. 교과서와 독해 문제집, 비문학책 세 가지 중 딱 한 가지만 선택해야 한다면 저는 비문학책을 권합니다. 교과서에는 과목을 막론하고 다양한 분야의 글이 담겨 있습니다. 국어 교과서에도 문학뿐 아니라 설명 글, 주장하는 글 등 비문학글이 꽤 많습니다. 그런데 교과서는 본질적으로 학습을 위해 만들어졌고 교과서 특성상 본글에서 발췌한 짧은 지문이 주로 실려 있습니다. 학습을 위해 인위적으로 만들어진 텍스트도 실려 있습니다. 본래 글을 자발적으로 읽는 독자는 목적이 무엇이든 글에 대한 환상성을 가지고 읽기 시작하며 그래야 글을 적극적으로 읽으려고 노력하는데 그런 측면에서 교과서의 글은 독자가 '즐겨' 읽는 글은 아닙니다. '학습자'가 '학습'을 위해 읽는 글이라는 것이지요. 그래서 일부 학습 전문가들이 교과서를 읽으라고 하지만 어린이들이 잘 안 읽는 것이기도 하고요.

비문학 독해 문제집의 경우에도 비슷합니다. 비문학 독해 문제집은 보통 다양한 분야의 글이 실려 있고 그 분야 글의 특성에 따라 여러 문제를 제시하여 독해하도록 돕습니다. 어휘 파악에서부터 글의 내용 및 구조 파악 등을 돕는 문제를 풀면서 어느 정도 비문학 독해력이 향상될 수도 있을 거예요. 그러나 이 역시 학습자가 학습을 위해 푸는 문제집의 형태이기 때문에 아이들 입장에서는 공부일 뿐이며 꾸준히 하기가 쉽지 않습니다. 설령 가능하다고 해도 비문학 독해 문제집의 짧은 지문은 단편 지식을 습득하는 데는 도움이 될지 모르지만 독해의 기본이자 마지막이기도 한 사고력을 키울 수는 없습니다. 책 읽기의 궁극적 목적은 총체적 사고력을 기르는 것입니다. 어떤 상황이나 현상에 대해 판단하고 사고할 수 있는 능력 말이지요. 그런 측면에서 본다면 부족함이 있을 수밖에 없습니다.

조금 더 자세히 살펴보겠습니다. 책은 하나의 주제를 길게 이어나가며 이야기를 풀어갑니다. 예컨대 '동물'에 대해 알려주는 책이라고 했을 때 이를 더 자세히 분류하여 동물의 한 살이, 동물의 종류, 우리 곁의 동물들 등의 대주제로 나누고 그걸 또 소주제로 분류하여 하나의 긴 흐름에 따라 글을 전개합니다. 이야기책의 '발단-전개-위기-절정-결말'의 구조처럼 어떤 한 가지 주제나 사실을 전하기 위해 구조가 짜여 있습니다. 독자는 이 구조를 따라 읽으며 주제나 사실을 발견하고 그 과정에서 사고력을 키웁니다. 문학도 마찬가지이지만 비문학 역시 사고력을 키우는 진짜 힘은 '책 한 권'을 온전히 읽었을 때 생기는 것이지요.

마지막으로 책이 교과서나 비문학 독해 문제집과 가장 다른 점을 이야기하고 싶은데요. 교과서와 문제집의 글은 저자가 전면에 드러나 있지 않습니다. 특정 저자의 글이 실린 경우 이름이 적혀 있긴 하지만 대부분은 그렇지 않지요. 그런데 책은 '저자'의 이름이 표지에 들어가 있고 책 날개에는 저자 소개도 되어 있습니다. 우리가 글을 읽을 때 객관적으로 읽을 것 같지만 사실은 그렇지 않습니다. 글을 쓴 저자가 누구인가도 글을 읽을지 말지 선택하는 중요한 요소가 됩니다. 다시 말하면 우리도 모르는 사이 저자의 권위에 기대어 읽는다는 것입니다. 그런데 교과서의 텍스트는 저자가 전면에 드러나기보다 학습 목표에 따라 선택된 텍스트가 더 드러나므로 책보다는 덜 집중해서 읽게 될 가능성이 높습니다.

작가는 단순히 지식과 정보를 전달하기 위한 것이 아니라 그 지식과 정보를 전달하는 이유, 지식과 정보를 통해 하고 싶은 이야기가 있기에 책을 씁니다. 이것을 주제라고 하지요. 비문학책도 결국 주제가 있는 것이고요. 독자도 비문학책을 읽어나가며 자연스럽게 그것을 느낍니다. 작가가 글 이면에 숨겨놓은 책의 주제는 새로운 통찰을 제공하기도 합니다. 비문학책 한 권을 읽으며 습득하는 통찰은 짧은 지문으로는 얻기 어렵습니다. 이 모든 것이 제가 교과서에 실린 짧은 텍스트와 독해 문제집의 지문보다 책을 권하는 이유입니다.

그럼 비문학책을 읽고 얻을 수 있는 것은 무엇일까요? 지식을 전하는 책이니 대표적으로 지식 습득이라고 생각하기 쉽고 이것이 1차적 목적이라는 데는 저도 동의합니다. 그러나 더 궁극적인 목적은 지식 감수성과 세상을 보는 통찰력, 그리고 지력을 얻는 데 있습니다. 지식 책이 말하는 것은 결국 이 세상에 존재하는 모든 존재나 현상에 대한 것입니다. 그것에 대해 알수록 민감함이 생기고 이는 곧 세상에 대한 배려로 이어집니다. 모르면 무례할 수 있지만 알면 조심하게 되니까요. 비문학책 읽기를 통해 시야가 점점 넓어져 삶을 더 풍성하게 가꾸는 데 필요한 통찰력 또한 갖게 되고요. 무엇보다 작가가 하나의 관점을 가지고 지식을 풀어내는 과정을 읽기라는 행위를 통해 따라가다 보면 자연스럽게 배우는 힘, 즉 지력도 갖추게 됩니다.

거듭 강조하지만 비문학책 읽기의 이런 궁극적인 효용은 조각 글이나 짧은 글로는 얻기 어렵습니다. 문학, 비문학을 막론하고 책의 강점은 쉽게 말해 책에 '흐름'이라는 것이 있어서 독자가 처음부터 끝까지 스스로 읽어나갈 수 있도록 구성되어 있다는 점인데요. 이 점이 결국 독자 스스로 독서를 선택하고 유지하게 해주는 것입니다.

비문학 독해력을 키우려면 어느 정도 읽기량이 확보되어야 하는데, 이것이 가능하려면 책과 친밀도가 높아야 합니다. 만약 비문학 독서가 정말 어렵다면 차선책으로 독해 문제집의 짧은 글을 활용하되, 독해 문제집에 일반적으로 들어간 글 옆에 제시된 문제를 풀기 전 이 장에서 소개하는 방법을 먼저 시도해보면 좋겠습니다.

비문학책을 '잘' 읽는다는 것은 어떤 의미일까요? 간추려 이야기하면 다음와 같습니다.

1. 책에 사용된 해당 분야 어휘를 대강 이해했는가?
2. 책의 갈래(글의 종류)를 알고 있는가?
3. 책의 핵심어를 찾아낼 수 있는가?
4. 핵심 내용을 알고 있는가?
5. 글의 구성을 이해하고 구성에 맞게 정리할 수 있는가?
6. 글을 쓴 사람의 의도를 알고 있는가?
7. 자기 말로 다시 설명할 수 있는가?
8. 내용을 숙지하고 숙지한 내용과 관련된 글을 쓸 수 있는가?
9. 자신에게 필요한 내용을 찾아내고 활용할 수 있는가?
10. 책이 자신의 읽기 능력과 필요에 적합한지 판단할 수 있는가?

어떤 주제의 책을 읽고 위 10가지를 모두 해낼 수 있다면 비문학책을 제대로 읽었다고 볼 수 있겠습니다. 각 항목을 살펴보기만 해도 잘 읽는 일이 결코 쉽지 않다는 것을 아실 텐데요. 다행히도 독서는 그 자체로 배우는 것이 많습니다. 같은 갈래의 책을 많이 읽으면 자신도 모르는 사이 내면화되는 것이 많다는 뜻입니다. 그런 의미에서 이 장에서 소개하는 모든 독서 전략은 일단 기본적으로 재미있게 읽은 비문학책이 어느 정도 있다는 전제 하에 활용하면 좋겠습니다. 그러기 위한 첫 시작인 '책 고르기'부터 살펴보겠습니다.

1단계 책 고르기

　어떤 비문학책이 좋은 책일까요? 비문학책을 읽는 데 있어 가장 중요한 것은 이독성(易讀性, Readability)입니다. 이독성은 읽어내기 쉬운 정도를 의미하는데요. 우리가 독서에 대해, 특히 비문학 독서에 대해 크게 오해하는 것 중에 한 가지가 '지식이 잘 정돈되어 있고 어려운 책을 읽으면 읽는 사람이 똑똑해질 것'이라는 오해입니다. 책은 첫 페이지부터 어느 정도 이해가 되어야 사고 작용이 일어나고, 사고 작용이 일어나야 독서를 한다고 말할 수 있습니다. 만약 제시된 내용이 어린이의 독서 수준, 상식 수준보다 많이 어렵다면 읽기라는 행위 자체가 불가능하다는 것이지요. 책 내용의 70프로 정도는 이미 아는 내용이어야 물 흐르듯 읽히고, 그 과정에서 나머지 30프로의 내용이 시나브로 내면화되는 것입니다. 이런 독서가 비문학책 읽기의 꾸준함을 보장하는 것이고요.

　읽을 수 있는지 없는지 1차적 판단은 당연히 독자인 어린이의 읽기력과 지식, 상식 수준에 맞추어서 해야 하는데요. 이를 위한 객관적인 몇 가지 기준을 말씀드리겠습니다. 우선 용어가 쉽게 풀이되어 있어야 합니다. 비문학책은 사실 용어가 전부라고 해도 과언이 아닙니다. 용어에 대한 이해가 그 분야에 대한 이해로 이어지기 때문이지요. 초등학교 3, 4학년 대상으로 나온 경제 관련 도서 《오늘도 나는 마트 간다》(박신식 글, 예림당)는 소득, 소비, 가격, 유통, 생산, 세금 등 기본적인 경제 상식과 원리를 소개하는 책입니다. 이 개념을 설명하기 위해 마트를 배경으로 주인공들이 겪는 다양한 상황을 보여줍니다. 어린이들이 한 번쯤 겪어보았을 만한 상황을 이야기로 풀어가면서 그 상황에 맞는 경제 개념을 소개하니 읽는 입장에서는 재미있게 이야기를 읽는 느낌으로 책장을 넘길 수 있습니다. 그 과정에서 경제 개념을 자연스럽게 습득할 수 있고요.

이야기로 된 비문학책의 경우 단점이라면 읽는 시간에 비해 얻을 수 있는 지식이 적을 수 있다는 점입니다. 하지만 지식과 정보, 개념이 가득 차 있는 책은 어차피 읽을 수 없습니다. 사람은 본래 정해진 시간 동안 받아들일 수 있는 지식의 양이 정해져 있기 때문입니다. 만약 책을 들고 있는 아이가 좀처럼 책장을 넘기지 못하고 있다면, 또는 읽고는 있지만 기계적으로 책장만 넘기는 것 같다면 혹시 그런 책은 아닌지 살펴보아야 합니다. 늘 그렇지만 '책'도 사람이 만드는 것이므로 만약 아이가 읽지 않거나 못 읽는다면 책 자체에 어떤 문제가 없는지 살펴보는 융통성도 필요합니다.

한 가지 염두에 둘 점은 스토리텔링의 형식을 갖추고는 있으나 정작 책에서 알려주어야 하는 지식과 개념을 스토리 안에 녹여내지 못한 책은 좋은 비문학책이라고 보기 어렵다는 것입니다. 그런 경우 보통 각 스토리의 사이사이에 지식이 따로 정리되어 있는데 어린이들은 그 부분을 잘 읽지 않고 넘어갑니다. 그렇기에 읽고 나서 재미있다고 해도 정작 얻는 것은 많지 않을 수 있습니다. 결국 스토리를 읽으면서 자연스럽게 익히도록 스토리 안에도 지식과 개념을 잘 녹여낸 책이 좋은 책입니다. 만약 어쩔 수 없이 스토리와 개념이 분리되어 구성되어 있다면 개념 정리 부분도 있을 수 있도록 어른 독자의 도움이 필요하겠지요.

다음으로는 삽화와 캡션도 중요합니다. 삽화는 말 그대로 책에 실린 그림이고 캡션은 삽화 아래의 설명글입니다. 비문학책은 분야마다 정도의 차이는 있으나 대체로 삽화가 중요한 역할을 합니다. 특히 과학 분야의 경우 더욱 그러한데요. 예컨대 동물이나 식물을 다룬 책일 경우 개념을 설명하기 위해서 실제 사진이나 그림이 잘 담겨 있어야 이해를 도울 수 있습니다. 그리고 삽화 아랫부분에 작은 글씨로 적힌 내용도 삽화에 대해 충실히 설명하고 있어야 합니다.

지금까지 좋은 비문학책에 대해 소개해드렸습니다. 중요한 점은 아무리 잘 만들어진 책이라고 해도 어린이의 관심사와 연결되어 있지 않다면 잘 읽으려고 하지 않을 수 있다는 점입니다. 사람은 본래 한두 가지의 관심사를 가지고 살아가며 그 관심사를 기반으로 일상에서 행동하고 사고합니다. 그래서 대부분의 독자는 늘 비슷한 소재나 주제, 분야의 책을 읽습니다.

여기서 우리가 한 가지 생각해봐야 할 점이 있습니다. 어린이들은 생활 환경이 제한적이며 사실 어른도 그렇습니다. 우리가 사는 이 세계가 얼마나 넓은지, 얼마나 많은 것이 존재하는지 하나하나 직접 경험하기긴 어렵지요. 그래서 늘 자신이 존재하는 작은 세계 안에서 머무르는 것인데요. 그렇기에 오히려 비문학책을 통해 더 넓은 세상에 대해 눈뜰 수 있는 기회를 얻을 수 있습니다.

그럼에도 무작정 권하기에는 책이 너무 많습니다. 너무 뜬금없이 다가오는 책은 거부하기 쉽고요. 그럴 때는 '한 가지라도 연결점'이 있는 책을 찾아봐야 하는데 가장 대표적인 것이 교과 연계 도서입니다. 교과에서 만난 것은 익숙하기 때문에 거부감을 덜 느끼며 무엇보다 아는 것이라 쉽다는 생각에 편한 마음으로 책장을 펼칠 수 있습니다. 학교에서 태양계와 별을 배우고 있을 때 관련 도서를 권하면 비교적 덜 거부감을 갖고 볼 수 있다는 것이지요. 실제로 어린이들과 학교에서 접한 내용에 관한 책을 같이 읽을 때면 그런 모습을 자주 보게 됩니다. 또 한 가지 얻는 점도 있는데요. 읽기 전에는 학교에서 배워서 다 안다고 이야기하던 어린이가 훨씬 더 많은 내용이 체계적으로 정리된 책을 읽고 나서는 자신이 아는 것이 전부가 아니었다는 것을 깨달았다고 고백하곤 합니다. 교과 연계 도서 읽기는 책과 교과서가 다른 점을 어린이 스스로 깨닫게 할 수 있는 좋은 기회도 되는 것이지요.

생활 연계 도서를 찾아보는 방법도 있습니다. 요즘 우리 가족의 생활, 어린이의 생활에 관심을 가져보세요. 혹시 물고기를 키우기 시작했다면 물고기 관련 책을, 최근 제주도로 여행을 다녀왔다면 제주도 관련 책을, 주식을 사주었다면 어린이 주식 관련 책을 권하는 것입니다. 책을 구해 노출만 해주어도 관심을 갖고 펼쳐 볼 가능성이 높습니다. 본래 읽기에 특화된 사람들은 궁금한 것이 생기면 누가 가르쳐주지 않아도 책에서 찾아봅니다. 생각보다 책에는 정말 많은 답이 담겨 있거든요. 하지만 그렇지 않은 다수의 어린이에게는 이렇게 생활과 관련된 모든 것이 책에 담겨 있다는 것, 책을 읽기만 하면 내가 지금 하는 일을 더 잘할 수 있다는 것을 의도적으로 알려주어야 합니다. 관련 도서 노출로 이 방식에 익숙해지면 나중에는 스스로 찾아보게 됩니다.

마지막으로 책 고르기에서 중요한 것은 비문학책이 가진 특성을 고려해 수준을 정해야 한다는 것입니다. 온라인 서점에는 책의 학년 분류되어 있습니다. 1, 2학년과 3, 4학년, 5, 6학년으로 구분되어 있는데요. 비문학책은 어떤 전문 분야의 지식과 개념 전달이라는 특성 때문에 이미 쉽지 않은 책이므로 무조건 한두 단계 정도는 내려서 보는 것이 좋습니다. 실제 5, 6학년 대상으로 출간된 비문학책을 잘 읽는 5, 6학년은 많지 않습니다. 오히려 5, 6학년으로 분류된 도서는 지식과 상식이 다소 부족하거나 학교에서 배우는 내용을 어렵게 느끼는 청소년이 보았을 때 적당한 경우가 많습니다.

그리고 만약 해당 분야 도서를 전혀 읽지 않은 경우에는 과감히 단계를 내려서 1, 2학년 대상으로 나온 책을 먼저 보거나 또는 함께 보는 것이 좋습니다. 저학년 대상 그림책 중에는 유아어로 쓰인 책도 종종 있으나 대부분의 지식 그림책은 해당 주제를 함축적으로 보여주기 때문에 오히려 상세히 서술된 책보다 쉽지 않을 수 있습니다. 비문학책은 너무 어려운 책으로 잘못 접근하면 편견이 생기기 쉽고, 한 번 생긴 편견으로 영원히 멀어질 수 있다는 점을 꼭 기억하세요.

책을 골라 읽었다면 다음으로는 독자의 판단이 중요합니다. 비문학 독서의 1단계를 '책 고르기'로 정했으나 사실상 어린이들은 책 고르기에 있어 완전히 자유로울 수 없습니다. 어린이책 자체가 구매자인 부모님의 니즈를 어느 정도 반영하여 출간되기 때문입니다. 특히 비문학 도서는 학습을 위한 책이라는 인식이 강하다 보니 구매 결정을 부모님이 하는 경우가 많습니다. 결국 어린이들은 거듭된 제한 속에서 책을 만날 수밖에 없습니다. 이런 상황에서 어린이들에게 독자로서 최소한의 자유를 주기 위해서는 읽은 후 평가해보도록 하는 방법이 좋습니다.

어떤 요소를 평가해볼 수 있을까요? 책이 자신에게 어떤 의미로 다가왔는지부터, 난이도와 책 자체를 평가해볼 수 있습니다. 다음 질문을 참고하세요.

1. 평소 관심 있는 주제의 책인가요?

2. 완독했나요?

3. 일부만 골라 읽었다면 그 까닭은 무엇인가요?

4. 읽다 말았다면 그 까닭은 무엇인가요?

5. 난이도(어려움의 정도)는 어떠했나요?

6. 책의 두께(양이나 길이)는 어떠했나요?

7. 책에 실린 용어는 어떠했나요?

8. 책에 담긴 지식의 양은 어떠했나요?

9. 책의 크기는 들고 읽기에 적당했나요?

10. 삽화(그림)은 글에 설명된 것을 잘 나타내고 있나요?

11. 작가가 이 책을 쓴 이유를 알 것 같은가요?

12. 이 책을 다시 보고 싶은 생각이 있나요?

13. 이 책을 다른 사람에게 추천하고 싶은가요?

14. 추천하고 싶은 이유, 또는 추천하고 싶지 않은 이유를 말해보세요.

　중요한 것은 객관적 평가가 아니라 책을 읽은 어린이 독자의 주관적 평가입니다. 책을 객관적으로 보는 것도 중요하지만 여기서는 독자 개인에게 책이 어떤 의미인지 파악하는 것이 목적입니다. 어린이 독자가 스스로 다음 도서를 선택하는 기준을 세울 수 있도록 돕기 위한 활동이기 때문입니다. 답변 중 '모르겠다'에 표시한 것이 대부분이라면 책이 자신에게 어떻게 다가왔는지를 파악하지 못한 것이므로 책 선택은 물론 독서 자체에 문제가 있을 가능성이 높습니다. '독자 메타인지', 즉 독자로서 자신에게 어떤 책이 적당한지조차 모르는 상태이기 때문입니다. 그런 경우에는 비문학 독서보다는 한 호흡에 읽어낼 수 있는 문학을 먼저 읽기를 권합니다.

2단계 작가의 말(서문)과 목차 읽기

읽기 방법 중 상향식 읽기와 하향식 읽기라는 것이 있습니다. 상향식 읽기는 책을 읽으며 주로 내용을 이해하고 받아들이는 것입니다. 문자를 해독하고 이해한 후 해석을 통해 내면에 받아들이는 과정을 거칩니다. 반대로 하향식 읽기는 상상하거나 예측하며 읽는 것입니다. 책의 제목, 표지, 목차 등을 보고 내용을 예상해보고 다 읽은 후에는 내용이나 작가의 의도 등에 대한 판단도 합니다. 두 가지 중 당연히 하향식 읽기가 능숙한 독자의 읽기 방법입니다.

처음 읽기를 시작하는 1학년 전후 시기에는 문자를 해독하고 낱말의 뜻을 떠올리며 그 낱말이 포함된 문장의 의미, 더 나아가 글의 의미를 파악하는 데 인지 자원을 모두 사용할 수밖에 없습니다. 고학년으로 갈수록 독서 경험이 늘어나면서 자연스럽게 조금씩 다양한 읽기 전략을 활용해 비판의 단계까지 가는 하향식 읽기를 하게 되는데요. 읽기 경험이 많지 않다면 고학년이 되어도 사실 표면적인 내용을 이해하는 것에 그치는 경우가 많습니다.

이때 필요한 것이 다양한 읽기 전략을 가르쳐 유능한 독자가 되도록 도와주는 것입니다. 그중 한 가지가 바로 작가의 말 읽기와 목차 읽기를 적극적으로 도와주는 것입니다. 작가는 보통 책을 쓰게 된 배경이나 과정, 책에 얽힌 자신의 일화, 그리고 책을 통해 어린이들이 어떤 생각이나 행동의 변화가 있기를 바라는지 서문에서 밝힙니다. 목차는 내비게이션과 같은 역할을 하기에 책의 큰 그림을 그려봄과 동시에 내용을 예측할 수 있는 매우 중요한 책의 한 구성 요소이고요.

본문을 읽기 전 이 두 가지를 읽게 하는 이유는 능숙한 읽기를 넘어 읽기 목적이나 방향을 설정하는 데도 도움이 되기 때문입니다. 작가가 책을 왜 썼는지 읽어보며 그 목적에 따라 읽어보고자 결심할 수도 있고요. 책 내용이나 책을 쓰는 과정에서의 에피소드 등을 읽으면서 본문 내용에 대한 호기심이 생겨 동기 부여가 될 수도 있습니다.

작가의 말은 책날개에 실린 작가 소개와 함께 읽어보는 것이 좋습니다. 작가 소개에도 작가에 대한 정보가 있어 작가의 말 내용과 연결되는 지점이 있을 수 있기 때문입니다. 작가의 말은 본문을 읽기 전 읽어보도록 자주 권하는 것이 최선입니다. 그리고 작가의 말에서도 인상 깊은 내용을 말해보고, 작가가 책을 쓴 의도를 찾아보게 해주세요.

다음으로는 목차 읽기입니다. 누구나 아는 것처럼 목차는 큰 그림을 그려주고 책의 지도 역할을 합니다. 능숙한 독자는 서문과 더불어 목차를 살펴보며 독서 여부를 결정하기도 합니다. 비문학책의 경우 앞에서 말씀드렸던 것처럼 대략 70프로는 이미 아는 내용이어야 독서라는 행위가 가능해집니다. 이를 판단할 수 있는 부분이 또 목차이기도 합니다.

만약 목차만 보았음에도 모르는 용어가 가득하고 책의 큰 그림이 그려지지 않는다면 독자에게 적합하지 않은 책이겠지요.

따라서 목차를 읽을 때는 쭈욱 훑어보면서 전체 내용을 예상해보는 것이 좋고요. 목차 중 어느 부분이 아는 내용일지, 모르는 내용일지 구분해보는 것도 좋습니다. 물론 실제 본문을 읽으면 달라질 수 있으나 제목을 보고 대략 예측하는 것입니다. 목차의 챕터별 꼭지 옆에 아는 것을 메모해보는 것도 좋은 방법입니다.

목차를 볼 때 가장 관심이 가는 부분을 체크하는 것도 좋습니다. 비문학책은 궁금한 부분만 살펴봐도 좋은 책입니다. 비문학책에 대한 호감도가 높지 않은 경우에는 관심이 가는 부분부터 펼쳐보면서 서서히 다른 부분으로 확장하는 것도 괜찮습니다. 책에 따라서는 각 장별로 연결성이 짙거나 앞부분의 개념 이해를 바탕으로 내용이 전개가 되는 경우도 있어서 그런 경우에는 순서대로 읽는 것이 좋기는 합니다. 그러나 어린이 독자에게 더 중요한 것은 융통성 있는 읽기를 통해 책에 대한 거부감을 갖게 하지 않는 것이라는 점을 잊지 마세요.

이렇게 서문과 목차만 훑어보아도 책에 대한 관심도가 높아질 수 있고 읽기의 방향성이나 목적성이 생겨 적극적 읽기를 할 수 있습니다. 책에 대한 이해도 역시 높아지겠지요. 어른도 많이 간과하는 부분이니 꼭 실천해보시길 바랍니다.

3단계 훑어 읽기

　이제 본문을 읽을 차례인데요. 본문 내용 중에서도 용어 훑어 읽기를 해야 합니다. 거듭 강조하지만 비문학책은 용어가 전부라고 해도 과언이 아닙니다. 역사책을 생각해보면 쉽습니다. '기원전, 기원후, 정복, 함락, 전투, 왕, 왕권, 왕실, 세자, 수도, 천도' 등과 같은 기본적인 용어부터 각 시대와 관련된 '고인돌, 국내성, 나당연합군, 무신, 문신, 경국대전, 북벌정책' 등 용어의 뜻을 알아야 내용도 이해됩니다. 용어 하나가 이미 많은 사건과 상황을 함축하고 있기 때문입니다.

　초등 비문학책은 어린이들이 한 분야의 초보 독서가라는 점을 염두에 두고 용어부터 알려주어야 한다는 관점으로 쓰이는 경우가 많고, 용어를 알려주는 것 자체를 목적으로 만들어지기도 합니다. 예컨대 경제책의 경우 성인 책이라면 독자가 '주식'이라는 용어를 알고 있다는 전제로 더 상위 개념이나 가치를 이야기한다면 초등 비문학책의 경우에는 '주식'과 같은 기초 경제 용어들을 알려주는 것을 목적으로 쓰인다는 것입니다. 그래서 더욱 용어를 읽어낼 필요가 있습니다. 그 구체적인 방법을 말씀드리겠습니다.

우선 이번 단계의 이름이 '훑어 읽기'인데요. 지식책을 읽고 용어를 정리하는 것과 훑어 읽는 것이 어떤 관련이 있을지 의아하실 수도 있습니다. 이야기한 대로 용어에 대한 설명을 이어가거나 친절하게 설명해 주는 것이 초등 비문학책의 특징입니다. 그래서 용어의 뜻을 외부에서 찾는 것이 아니라 책을 훑어보며 책 안에서 찾아 정리하면 자연스럽게 훑어 읽기가 되는 것입니다.

닿소리 지갑 채우기를 통해 훑어 읽기를 해보도록 하겠습니다. 닿소리는 홀소리인 모음에 닿아야 소리가 나는 글자로, 자음을 말합니다. 각 자음으로 시작되는 용어를 책에서 찾아 닿소리 지갑에 적는 것인데요. 책을 훑어 읽으면서 접한 용어가 어떤 자음으로 시작되는지 살펴 해당 지갑 이미지에 적어보면 자연스럽게 여러 가지 용어 지갑이 만들어지게 됩니다. 본래 '닿소리표 전략'이라는 학습 독서의 한 방식을 응용한 것으로, 내 용어 지갑을 채우면 더 즐겁게 할 수 있을 것입니다. 가족이 모두 함께한다면 동기부여가 더 될 거고요.

지갑을 다 채운 후에는 책을 다시 찾아 용어의 뜻을 말해보면 좋습니다. 용어의 뜻을 익히는 더 좋은 방법은 비슷한 소재의 책을 찾아 읽는 거예요. 예컨대 '지구와 달' 관련 도서라면 닿소리 지갑을 채운 후 비슷한 소재의 책을 찾아 읽는 것입니다. 비슷한 소재의 책에는 비슷한 용어가 나올 가능성이 매우 높습니다. 그 용어를 다른 문장 속에서 다시 한 번 만나는 것이므로 용어 이해에 도움을 줍니다. 독서도 전략이 필요할 때가 있는데 바로 이런 경우를 이야기하는 것입니다.

비문학 독서 (닿소리 지갑 채우기)

책을 훑어보며 다음 각 닿소리로 시작하는 용어를 찾아 지갑 안에 써보세요. 책의 주제와 관련된 용어를 기본으로 하여 낯설거나 새로운 용어를 찾습니다. 각 닿소리마다 2, 3개 정도의 용어를 찾아 쓰면 된답니다. 그렇게 닿소리 지갑을 채워 가면 든든한 나의 용어 지갑을 만들 수 있어요.

책 제목 : _____

지갑을 잘 채웠나요? 그렇다면 이 지갑의 용어의 뜻을 책을 찾아가며 말해보세요. 비슷한 소재의 다른 책을 읽어도 좋아요. 내 지갑 안의 용어를 또 만나볼 수 있거든요!

훑어 읽기 다음에 해볼 활동은 지식을 종류에 따라 분류하여 몇 가지만 기록해보는 것입니다. 비문학책은 모두 기억할 수 없고 암기는 더욱 할 수 없습니다. 한 권의 책에서 얻은 지식을 바탕으로 다음 비문학 독서의 배경지식을 얻는 것만으로도 충분히 좋은 독서라고 할 수 있습니다. 다만 지식을 정리하는 기준은 필요합니다.

비문학책을 통해 나에게 새롭게 들어온 지식이나 놀라움, 감탄을 안겨준 지식, 기억하고 싶은 지식, 다른 사람에게 전달해주고 싶은 지식, 질문이 생기는 부분이나 이해가 잘 안 되는 지식 등을 구분해보는 것입니다. 비문학 독서는 많이 알기 위한 지적 욕구로 읽기가 시작되기도 하지만, 알아가는 기쁨이 있어야 유지도 됩니다. 그 목적을 더욱 명료하게 해주는 것은 '쓰기'이고요. 한 편의 긴 글이 아니라 짧게 한 문장씩 쓰면서 자연스럽게 용어를 사용하는 연습도 할 수 있습니다.

독자의 독서 목적 다음으로 중요한 것은 저자의 집필 의도입니다. 작가의 말에서 저자의 집필 의도 및 전하고자 하는 내용을 파악해 먼저 써보고, 그에 어울리는 내용, 즉 책의 주제와 관련해 중요하다고 생각되는 내용을 정리해보세요. 그 후에 독자 입장에서 정리한 내용을 글로 써보면 조금 더 단단한 비문학 독서를 할 수 있습니다. 저자의 의도 또한 비판적으로 읽어야 하지만 비판도 기본적으로 저자의 본 의도를 파악한 후 가능한 것입니다.

다음 페이지 '지식의 꽃' 양식에서 꽃잎을 받쳐주는 두 개의 잎에 저자의 말에서 중요한 내용, 그 의도에 어울리는 내용을 본문에서 찾아 쓰게 해주세요. 그리고 그 위에 지식의 꽃을 피워보면 좋겠습니다.

지식의 꽃(다양한 지식)

비문학책을 읽고 아래 기준에 따라 지식을 정리해 지식꽃을 예쁘게 채워보세요. 빈 곳에 질문하고
싶은 것, 기억하고 싶은 것, 어려운 내용 중 한 가지를 쓰세요.

질문	기억	어려움

새로운
지식

감탄

놀람

책 제목

전달

작가의 말

경험

중요

4단계 구조화하며 읽기

용어 정리, 지식 정리를 통해 훑어 읽기를 해봤다면 이제는 조금 전략적으로 읽어볼 차례입니다. 드문드문 뽑은 지식이 아니라 내용을 서술 구조에 맞게 정리해보는 것인데요. 그러기 위해서는 비문학책의 서술 구조를 알아야 합니다. 비문학책도 분야에 따라 조금씩 다릅니다. 과학책은 대체로 설명 구조, 환경책은 원인-결과-해결 방안 구조, 인물책은 시간의 순서에 따른 구조, 역사책은 배경-과정-경과-의의의 구조를 따르고 있습니다.

이 구조에 따라 정리하되, 어린이들에게는 이론적인 설명보다 한 장의 양식을 제시하는 것이 이해에 도움이 됩니다. 처음에는 한 문단의 내용, 다음으로는 한 꼭지의 내용을 정리하는 것이 좋습니다. 한 챕터나 한 권의 내용은 너무 방대해서 정리하기 쉽지 않으니 무리하지 않고 일부 내용만 정리하게 해주세요.

지식 정리(중심 내용과 세부 내용)

지식책을 읽고 중심 내용을 찾아 꽃의 동그라미 모양에 쓰세요. 각 꽃잎에는 그 중심 내용을 설명해주는 세부 내용을 정리해서 쓰세요.

책 제목 :

중심 내용

어떠한 과정에 대해 나온 부분을 읽고 아래 표에 정리해보세요.

책 제목 :

지식 정리(설명 구조)

지식책을 읽고 어떤 개념의 종류에 대해 나온 것이 있다면 아래 표에 맞게 정리해보세요.

책 제목 :

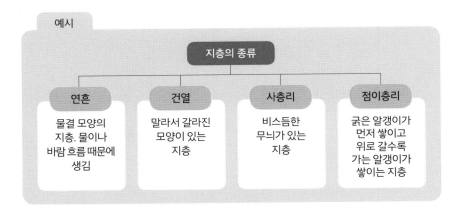

예시

지층의 종류

연흔	건열	사층리	점이층리
물결 모양의 지층. 물이나 바람 흐름 때문에 생김	말라서 갈라진 모양이 있는 지층	비스듬한 무늬가 있는 지층	굵은 알갱이가 먼저 쌓이고 위로 갈수록 가는 알갱이가 쌓이는 지층

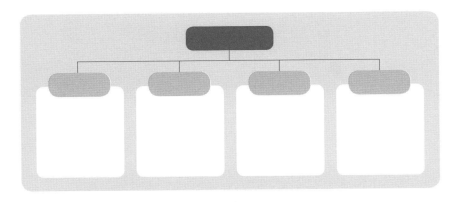

지식 정리(비교와 대조)

지식책을 읽고 공통점과 차이점을 비교하는 대상이 나왔다면 아래 이미지에 정리해보세요. 저울 양 옆에 달린 그릇에는 각각 대상의 차이점을 쓰고 가운데 아래 네모 칸에는 공통점을 쓰세요.

책 제목 :

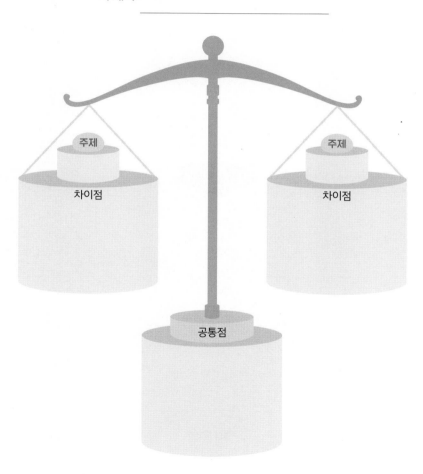

지식 정리(원인-결과-해결 방안)

지식책을 읽고 한 가지 주제의 원인과 결과, 해결 방안을 찾아 정리하세요. 책에 해결 방안이 나오지 않은 경우에는 조사하거나 주변 사람과 의논하여 써보세요.

원인

결과

해결 방안

지식 정리(배경-과정-결과-의의)

지식책을 읽고 어떤 사건이 일어난 배경, 그리고 사건의 과정과 결과를 정리해보세요. 그 사건의 의미나 의의도 생각해서 써보세요.

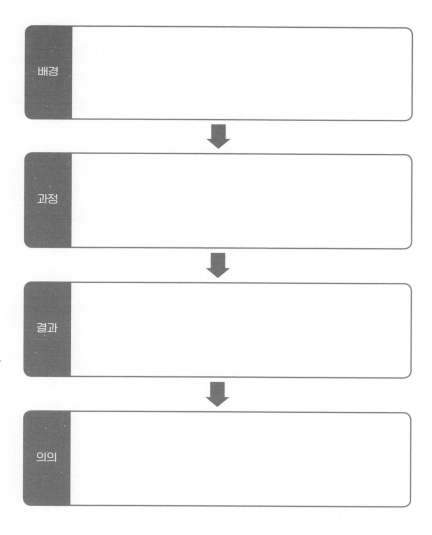

배경

과정

결과

의의

정리하기 전에는 먼저 책을 읽으며 정리할 내용에 밑줄을 긋게 하는 것이 좋습니다. 책의 서술 구조를 고려해서 어떤 양식에 정리할지 먼저 정한 후에, 양식에 담을 내용을 먼저 줄로 그어놓는 것입니다. 예컨대 원인-결과-해결 방안 구조 양식에 따라 정리한다면 책을 읽으며 '원인'에 해당하는 부분, '결과'에 해당하는 부분, '해결 방안'에 해당하는 부분을 찾아 밑줄을 그어놓는 거예요. 그러면 어렵지 않게 정리할 수 있고 좀 더 정돈된 말로 쓸 수 있습니다. 게다가 훑어 읽기, 밑줄 그으며 읽기, 글로 정리할 때 다시 읽기 총 3회를 읽게 되어 반복 독서의 효과도 자연스럽게 얻을 수 있습니다.

만약 책을 읽고 정리하기 어려워한다면 독해 문제집에 실린 짧은 지문 하나를 발췌해서 연습하도록 해주세요. 과학, 환경, 역사, 인물 등 다양한 지문을 읽고 어느 양식에 정리할지 같이 고민하고 생각하다 보면 자연스럽게 글의 구조를 보게 됩니다. 짧은 지문 연습 후에는 책을 읽고 나서도 할 수 있는 힘이 생길 거고요. 마지막으로 양식에 정리한 내용을 다시 읽어보면서 책의 내용을 다시 상기하면 좋습니다.

5단계 다섯 줄 책 소개하기

비문학책의 서문 읽기부터 본문 내용 구조화까지 마쳤다면 책 한 권의 내용이 어느 정도 정리가 되었을 거예요. 이 단계에서 아이와 함께할 수 있는 비문학 독해법은 바로 책을 소개해보는 것인데요. 책 소개는 책을 읽고 바로 할 수 있을 것 같지만 생각보다 쉽지 않습니다. 전체 내용을 알고 있어야 하고 작가가 이야기하고자 하는 바를 파악해야 가능하기 때문입니다. 더 나아가 해당 도서가 가진 특징을 알아야 하고요. 마지막으로는 그 내용을 적절한 문장으로 표현할 줄도 알아야 합니다.

결국 책을 총체적으로 보고 정돈해서 자신의 언어로 구사할 줄 알아야 가능한 것이 책 소개 글쓰기이므로 앞 단계의 구조화 정리까지 마친 다음 해보는 것이 좋습니다. 그렇다면 책 소개에는 어떤 내용을 써야 하는지 알아보겠습니다.

1. 무엇에 대한 책인지(무엇을 소개하는 책인지) 한 문장으로 소개하기

2. 1번 내용을 조금 더 자세히 풀어보기

3. 이 책만의 특징

4. 작가가 이 책을 쓴 이유

5. 책에 대한 한 줄 소감

이렇게 다섯 가지 내용을 담으면 됩니다. 각 항목을 정리하기 위해 어떤 내용을 참고하면 좋은지, 어떤 식으로 써야 하는지 조금 더 자세히 알아보겠습니다.

1. 무엇에 대한 책인지(무엇을 소개하는 책인지)

책의 소재를 씁니다. 소재는 보통 제목에 드러나 있습니다. 예컨대 '식충식물 이야기', '지구와 우주' 이런 식으로 무엇에 대해 소개하는 책인지 말이지요. 만약 상징적인 제목이라 알 수 없다면 부제를 살펴보세요. 제목이 상징적인 경우 책의 주제를 보통 부제에 드러내기 때문입니다. 부제에도 나와 있지 않다면 읽은 책의 내용을 바탕으로 큰 핵심어 한 가지를 뽑게 해주세요. 다음은 《1+1이 공짜가 아니라고》(이정주 글, 개암나무)를 예시로 작성해본 것입니다.

- 문장 형태 : 이 책은 ~에 대한 책이다.
- 예시 : 이 책은 생활 속 사례로 생생하게 배우는 경제 이야기다.

2. 조금 더 자세히 소개하기

큰 소재를 말했다면 이번에는 조금 더 자세히 소개하면 좋은데요. 작가의 말이나 목차를 활용하면 좋습니다. 제목에 나타나지 않은 조금 더 자세한 내용을 찾아서 쓰되, 목차에서 찾는 경우는 모든 내용을 다 쓰는 것이 아니라 챕터 제목(대제목)을 참고하여 큰 주제 중심으로 씁니다.

- 문장 형태 : ~ 등에 대해 알려주고 있다.
- 예시 : 프랜차이즈 판매 전략, 아르바이트와 돈의 가치, 전자 화폐의 가치 등에 대해 알려주고 있다.

3. 이 책만의 특징

책의 특징을 소개할 차례인데 이 부분이 쉽지 않습니다. 한 권의 도서가 지닌 특징을 말하기 위해서는 이미 읽었던 비문학책을 바탕으로 비교, 대조해볼 줄 알아야 하기 때문입니다. 비문학책의 대체적인 특징을 알아야 읽은 책만의 특징을 알아낼 수가 있고 장단점도 파악할 수 있습니다.

만약 그간 읽은 비문학책의 양이 매우 적거나 있더라도 어려워한다면 온라인 서점의 책 정보를 참고하는 것도 좋습니다. 온라인 서점의 책 정보는 도서를 잘 판매하기 위해 책의 특징을 최대한 담고 있기 때문에 매우 좋은 참고 자료가 됩니다. 물론 그렇기 때문에 더욱 비판적으로 읽어야 하는 부분도 있습니다. 참고하되 반드시 자신의 생각에 비추어 쓰게 해야 합니다.

- 문장 형태 : 이 책은 ~한 특징이 있다.
- 예시 : 아이들이 생활 속에서 한번쯤 경험해봤을 법한 사례를 들어주고 있어서 이해가 쉬웠고 흥미롭게 읽을 수 있었다.

4. 작가가 이 책을 쓴 이유

앞서 이야기한 것처럼 작가의 말은 꼭 읽어봐야 합니다. 작가의 말에는 책을 통해 독자가 어떤 생각이나 행동을 하길 원하는지 나와 있는 경우가 대부분입니다. 그런데 간혹 작가의 말 자체가 없는 경우도 있습니다. 그런 경우는 책 내용을 바탕으로 추론할 필요가 있습니다. 책을 처음부터 끝까지 읽었다면 책이 어떤 의도로 쓰였는지 판단할 수 있어야 합니다. 책에 담긴 지식을 얻고 나서 독자가 어떤 바람직한 행동을 할 수 있는지 써보게 하세요.

- 문장 형태1(작가의 말이 있는 경우) : 작가는 이 책을 쓴 이유를 ~라고 말하고 있다.
- 문장 형태2(작가의 말이 없는 경우) : 작가가 이 책을 쓴 이유는 ~인 것 같다.
- 예시 : 작가는 앞으로 살아가면서 마주할 수많은 선택의 상황에 지혜롭고 줏대 있게 대처하길 바란다고 했다.

5. 책에 대한 한 줄 소감

책 소감은 엄밀히 말하면 책 소개에 들어가지 않을 수도 있습니다. 하지만 독자의 생각이 간결히 드러난다면 소개하는 글을 읽는 입장에서는 책을 이해하는 데 도움될 수 있으므로 한마디 소감을 덧붙이는 것도 좋습니다.

- 문장 형태 : 나는 이 책을 읽고 ~했다.
- 예시 : 이 책을 읽고 합리적이라고 생각했던 나도 모르는게 많다는 것을 깨달았다.

지금까지 안내한 다섯 가지 내용을 엮어 쓰되 한 편의 작은 글이 되도록 문장 사이 연결을 부드럽게 하는 데 신경 쓰게 해주세요. 다섯 문장의 소개글이지만 간단한 독후감이 될 수도 있습니다. 여러 차례 쓰다 보면 책을 총체적으로 보는 시선이 길러질 것입니다.

다섯 줄 쓰기를 해봤다면 조금 더 긴 글로 책을 소개해봅니다. 다섯 줄 소개에 쓴 내용을 포함하여 자신에게 의미가 있었던 내용까지 써보는 것인데요. 다음과 같은 내용이 들어가면 좋습니다.

책제목

무엇에 대한 책인지

책의 특징

새로 알게 된 신선한 내용

그 내용이 좋았던 이유

작가가 책을 쓴 의도

이 책을 읽을 독자에게 바라는 점

　책에 대한 소개와 더불어 개인의 감상, 더 나아가 독자에게 하는 말까지 담으면 한 편의 멋진 비문학책 소개글이 됩니다. 동기 부여를 위해 어린이 북튜버가 되었다는 전제로 대본을 완성해보는 것도 좋습니다. 괄호 넣기 식의 대본을 참고로 내용을 정리해보고 익숙해지면 글의 처음부터 끝까지 직접 써보도록 하세요. 직접 쓸 때에는 오른쪽 예시에 있는 내용 외에 넣고 싶은 내용을 추가해도 괜찮습니다. 2단계 훑어 읽기에서 소개한 지식의 꽃에 대해 쓴 내용 등을 참고해서 더 풍성하게 써보는 것이지요.

재미있는 지식책을 소개합니다!

▶ [🔍]   ≡

안녕하세요. 어린이 북튜버 _____ 입니다.

제가 이번에 읽고 소개해 드릴 책은 _____ 입니다.

이 책은 _____ 에 대해 알려주는 책인데요,

제가 느낀 이 책의 특징은 _____

입니다.

개인적으로 제가 이 책에서 알게 된 내용 중 가장 인상 깊은 것은요,

_____.

왜냐하면 _____

_____.

작가 분이 이 책을 쓰신 이유는요,

_____

_____ 입니다.

여러분이 이 내용을 알고

_____

_____ 를 바랍니다.

어때요? 재밌었나요? 재미었다면 구독과 좋아요 눌러주세요!

조회수 _____ 회 _____ 년 _____ 월 _____ 일 구독자 _____ 명 👍

▶ ▶▶ 🔊   ⚙ ⛶

6단계 비문학 독서
점검하기

마지막 단계는 자신의 비문학 독서를 점검해보는 것입니다. 어린이들과 독서하면서 하는 실수 중 한 가지는 책을 반드시 '잘' 읽어야 한다고 생각하는 것, 그러면서도 '잘' 읽는 방법은 알려주지 않는 것입니다.

물론 독서라는 것은 배우지 않아도 할 수 있는 일이기도 하고 다독을 통해 스스로 깨우치기도 합니다. 그러나 모든 어린이가 다독을 하거나 독서법을 혼자 터득하지는 못합니다. 읽기 교수가 필요한 이유지요.

이번 장의 내용을 잘 따라왔다면 아셨겠지만 생각보다 친절한 읽기 지도가 필요합니다. 또 어린이 스스로 자신의 독서를 점검해보게 하는 것, 즉 '독자'로서의 성장도 도와야 하는데요. 1단계에서 소개한 책 평가와 연결되는 부분이기도 합니다. 책 평가에서는 책 자체를 중심으로 생각하게 돕는다면 이번에는 자신의 독서에 대해 점검하는 것입니다. 읽기 지도에서는 이를 '반성적 읽기'라고도 합니다. 개인적으로 저는 어린이들에게 반성이라는 단어를 사용하는 것을 좋아하지 않기 때문에 자기 독서 점검하기라고 부릅니다.

다음과 같은 질문을 통해 자기 독서를 점검하게 도와주세요.

이 책을 읽은 목적은 무엇인가요?

읽으면서 좋았던 점은 무엇인가요?

이해되지 않는 내용이 나올 때 어떻게 했나요?

처음 읽기 목적은 이루어졌나요?

이 책 읽기의 가장 큰 성과는 무엇인가요?

이 책과 비슷한 주제의 책을 읽고 싶은가요?

독서에서 가장 중요한 책읽기의 목적 설정, 그리고 그 목적이 이루어졌는지 묻는 질문, 그리고 이해되지 않을 때 독자로서 어떤 전략을 취했는지, 독서의 성과를 떠올리며 독서 행위의 의미를 점검해보고, 비슷한 주제의 책을 더 읽을 예정인지 확인하고 다음 독서와 은근히 연결시키는 질문입니다. 스스로 질문해보도록 하고 책을 읽을 때 어떤 요소를 고려해야 하는지 이 단계에서 알려주세요.

독서 교육이라는 말에는 독자를 키운다는 뜻이 포함되어 있습니다. 스스로 잘 찾아 읽고 읽은 것을 다양한 방식으로 표현하며, 그것을 점검할 줄 아는 성숙한 독자 말입니다. 특정 목적을 위해 읽어야 할 책을 권하는 우리나라 독서 교육에서 많이 간과하는 부분입니다. 이 장에서 소개한 비문학책 읽기법을 차근차근 실천하여 어린이들이 성숙하고 또 능숙한 독자로 자랐으면 좋겠습니다.

7장

세상 읽기
6단계 로드맵

세상 읽기 문해력

1 신문
흘려
보기

2 신문
구성
알기

3 적극
읽기

4 생각
노트
쓰기

5 기사
독해
하기

6 관점
세우기

세상을 둘러보기 위한
신문 읽기

한때 NIE 교육이 활성화된 적이 있었습니다. NIE는 'Newspaper In Education'의 약자로 흔히 신문 활용 교육이라고 합니다. 우리나라에서 신문 활용 교육은 1985년 신문협회보를 통해 최초로 소개되었고, 그 후 여러 기관에서 다양한 형태의 교육이 이루어졌습니다. 신문 활용 교육의 효과는 이미 다수의 결과를 통해 널리 알려졌기에 재차 강조할 필요는 없을 것입니다. 다만 교육적 이슈 등에 따라 중요도에 대한 인식이 달라진다는 점은 안타깝습니다. 그래서 신문 활용 교육의 중요성과 활용법에 대해 이 책의 마지막 장에서 다루어보고자 합니다.

우선 저는 신문 활용 교육이라는 널리 알려진 말보다 신문 독서라는 말을 주로 사용합니다. 신문 활용 교육은 주로 신문 그 자체, 즉 '신문지'를 활용하는 교육과 기사를 중점으로 다루는 교육으로 나뉩니다. 기사를 다루는 경우에는 주로 한두 가지 기사만 발췌해서 보는 형태로 이루어지는 경우가 많습니다. 그런데 신문도 하나의 매체입니다. 매체 자체의 특성을 먼저 알아야 하기에 한두 기사만 읽고 분석하기에 앞서, 매일 발행되는 신문 한 부를 전체적으로 보는 눈을 키워야 합니다. 그래서 책 한 권을 읽듯이 신문 한 부를 읽는다는 의미로 신문 독서라고 하는 것입니다.

이렇게 매체로서의 신문 한 부를 매일 살펴보면 어떤 점이 좋을까요? 신문은 흔히 세상을 보는 창이라고 합니다. 말 그대로 지금 이 세상 구석구석의 모습이 고스란히 담겨 있는 것이지요. 학교와 학원만을 주로 오가는 생활을 하다 보면 세상을 볼 기회를 놓치기 쉽습니다. 나의 일상을 유지하면서도, 내가 속한 이 세상에서 일어나는 일에 관심을 가져야 합니다. 그래야 그 세상에 비추어 나와 내 주변도 새롭게 인식되니까요.

어린이들에게 '사회'라는 단어를 이야기하며 사회에 관심이 있는지 물으면 대부분 관심이 없다고 답하곤 합니다. 교과서에서 만나는 사회를 떠올리면서 관심은커녕 어려워서 싫어한다는 말도 종종 합니다. 신문 기사 속 사회와 학교에서 배우는 사회는 같은 의미이기도 하지만 다르기도 합니다. 교과에서 알려주는 사회는 학문으로서 정제된 지식이다 보니 어린이들 입장에서는 멀게 느껴지기 쉽습니다. 반면 신문의 가장 큰 장점은 시의성이기 때문에 노출만 시켜주어도 관심을 갖고 보는 어린이가 많습니다.

때때로 어른들은 요즘 어린이와 청소년은 꿈이 없다고들 합니다. 개인적으로 좋아하지 않는 것은 물론 동의하지 않는 말입니다. 꿈이란 것은 '나'와 '세계'에 대한 인식을 발판 삼아 힘을 얻고 찾아가는 것인데 그러기에는 우리 어린이와 청소년의 삶이 너무 팍팍합니다. 세상을 볼 기회도 없이 문제집에만 파묻혀서 자신도, 세상도 인식할 수 없습니다. 일부 어른이 제시하는 일명 '좋은 직업' 몇몇 가지만을 은연중에 강요당하는 어린이와 청소년이 자기 꿈을 말하기란 쉽지 않으며 말하더라도 외면받기 일쑤입니다. 꿈이 없는 것이 아니라 찾지 못하거나 인정받지 못하고 있을 뿐인 것이지요. 이런 상황에서 신문이 다양한 세상을 볼 기회를 준다는 것은 어쩌면 다행 아닐까요?

어린이들과 신문을 읽다 보면 아이들마다 유난히 관심을 갖는 기사가 있습니다. 저는 그 기사를 토대로 이야기를 나눕니다. 어린이와 나눈 이야기를 부모님에게 전하면 우리 아이가 그런 것에 관심이 있는 줄 몰랐다고 하시기도 합니다. 무언가에 관심을 가지려면 일단 폭넓게 알아야 하는데 신문에는 정치, 사회, 경제, 환경, 교육, 인물, 과학 등 모든 영역의 이야기가 담겨 있기 때문에 꿈의 토대가 되는 관심사를 발견하기에도 좋은 매체입니다.

신문 기사는 압축되고 정제된 문장으로 쓰입니다. 짧지만 때로는 이야기책 한 권보다 어려울 수 있습니다. 신문 읽는 방법을 차근차근 가르쳐 주면 어느새 문해력도 훌쩍 성장합니다. 기사 글은 정확한 구조에 의해 쓰인 글이기 때문에 읽는 것만으로도 좋은 글쓰기 모델을 보는 것과 같아 글쓰기에도 도움이 됩니다.

무엇보다 신문을 꾸준히 읽다 보면 신문사마다 오묘하게 다른 표현과 논조를 발견하게 되고, 그것에 대해 의문을 품고 생각하면서 비판력도 성장합니다. 국어 시험지에 실리는 지문과 문제가 엄밀히 말하면 저자의 의도를 묻는 것이 아니라 출제자의 의도를 묻는 것이듯 신문에 실리는 기사도 이 세상의 모든 이야기가 아니라 신문사가 선택한 세상의 이야기라는 것을 인지하고 읽는다면 비판력은 더욱 성장하겠지요. 기사에 나온 사회 문제를 접하고 원인과 결과를 분석하여 해결 방안을 생각해보거나 기사에서 말하는 내용에 대한 의견 정립하기, 기사 안에 소개된 전문가의 의견에 대한 자기 의견을 만들어가기, 사회 문제에 대한 찬성과 반대 입장 취해보기 등의 활동도 비판력 성장에 당연히 도움됩니다.

일반 문학과 비문학에는 잘 등장하지 않는 어휘를 접하면서 어휘력 또한 성장하고요. 이런 모든 장점은 결국 종합적인 사고 능력으로 연결되며 그것이 곧 학습 능력과도 연계됩니다.

신문을 읽고 세상 문제에 대해 머리가 아닌 감각으로 인식하고 있는 어린이는 교과서의 내용이 다른 친구들보다 훨씬 더 의미 있게 다가올 것입니다. 우리 어린이들이 살아갈 세상은 결국 신문의 여러 기사가 말해주는 바로 그 세상입니다. 이론적으로 정립된 사회에 대한 지식과 세상의 연결고리를 만들어주는 신문 읽기를 통해 어린이들이 건강하고 의식 있는 사회인으로 성장했으면 좋겠습니다.

다만 주의할 점이 있는데요. 앞서 언급했듯이 신문에 실리는 기사는 신문사가 선택한 세상사입니다. 지면 문제로 모든 이야기를 실을 수 없기에 신문사는 기사를 취사선택하며, 그 기사들을 편집을 통해 신문 안에 구성합니다. 어떤 기사가 1면에 실릴지, 표제와 부제의 폰트의 크기, 기사의 양까지 조절하는데, 이러한 과정 끝에 독자는 신문을 통해 세상을 만나기도 하지만 한편으로는 왜곡해서 받아들일 수도 있습니다. 기사를 흔히 육하원칙에 의해 구성된 객관적인 글이라고 하지만 엄밀히 말하면 그렇지 않은 면도 있는 것이지요.

그래서 최소 두 군데 신문사의 기사를 만나보는 것이 좋습니다. 어린이들이 읽을 수 있는 어린이 신문의 경우 쉽게 접할 수 있는 것이 〈어린이동아〉와 〈어린이조선〉입니다. 두 신문사 모두 온라인 PDF로 신문을 제공하고 있습니다. 종이로 받아보는 신문 지면 그대로 출력이 가능합니다. 각 사이트에 접속하여 회원가입과 로그인을 거치면 열람할 수 있습니다. 〈어린이동아〉의 경우 하루치 기사 열람을 위해 350원을 결제해야 하며 〈어린이조선〉은 무료입니다. 두 곳의 신문만 함께 살펴봐도 한 곳의 기사만 맹신하는 일은 피할 수 있습니다.

신문의 특성상 두 가지를 보라고 권하긴 했지만, 다행스럽게도 어린이 신문은 어린이가 본다는 특성 때문에 민감한 사안이나 이슈는 잘 다루지 않는 편입니다. 그런데 반대로 그것이 또 한계가 되기도 합니다. 민감한 문제를 잘 다루지 않기 때문에 기사의 양이 많지 않은 편이며 심도

어린이동아

어린이조선

있는 세상 읽기가 어려울 수 있습니다. 간혹 실리는 경우도 있지만 압축되어 간단히 전달되거나 대강의 내용만 에둘러 보여주기도 합니다.

그럼에도 불구하고 저는 어린이 신문을 권합니다. 그 이유는 어린이 신문에 실린 기사도 마냥 쉽다고 볼 수는 없기 때문입니다. 어린이 신문에 실린 기사를 대교에서 만든 글 난이도 분석 사이트인 크리드(www.KReaD.ai)에 입력해보면 대체로 5, 6학년 수준의 글이라고 나옵니다. 중학교 1, 2학년 수준의 텍스트라고 분석되는 기사도 적지 않습니다.

신문 기사 읽기는 혼자 읽는 책과는 달리 어른의 도움이 필수라고 할 수 있습니다. 이런 점을 고려한다면 보통 4학년 이상부터는 읽을 수 있습니다. 기사를 한 편 한 편 분석하는 것이 아니라 헤드라인 중심으로 보며 세상의 분위기를 감지하는 목적으로 본다면 3학년 정도도 가능하고요.

이제 두 가지 어린이 신문을 바탕으로 문해력을 성장시키는 6단계 로드맵을 소개하려고 하는데요. 그에 앞서 '신문'이라는 매체와 '기사'에 대한 어린이들의 이해를 돕는 책을 소개합니다. 신문과 뉴스의 제작 과정을 알려주는 도서부터 뉴스 관련 용어를 모아 설명해주는 도서, 기사를 쓰는 기자라는 직업에 대한 도서까지 골고루 읽어보면 좋습니다. 다음 도서 목록을 참고해주세요. 특히 뉴스 관련 용어를 다룬《EBS 초등 어맛! 뉴스 어휘 맛집》(배정진 글, EBS BOOKS)은 뉴스를 보기 위한 목적, 시사 용어를 익히기 위한 목적으로도 좋으니 꼭 함께 읽어보면 좋겠습니다.

구분	도서명	저자	출판사
신문 제작 과정	털복숭이 신문이 나왔어요	로렌 리디	미래아이
뉴스 제작 과정	내가 뉴스를 만든다면?	손석춘	토토북
뉴스 관련 용어	EBS 초등 어맛! 뉴스 어휘 맛집	배정진	EBS BOOKS
신문의 모든 것	신문박물관	신문박물관	주니어김영사
	나는야 어린이 신문 기자	박세준	인물과사상사
직업 (기자)	여기는 취재 현장!	신옥희	사계절

    《털복숭이 신문이 나왔어요》는 신문이 어떻게 만들어져서 오는지 알 수 있는 그림책입니다. 《내가 뉴스를 만든다면?》은 기자의 하루가 어떻게 흘러가며, 어떤 과정으로 신문이 탄생하는지 알려줍니다. 《EBS 초등 어맛! 뉴스 어휘 맛집》은 뉴스 관련 용어를 다룬 도서입니다. 아이들과 뉴스를 보다 보면 자주 등장하는 낯선 어휘가 많은데 이 책에서 자세히 설명하고 있어서 매우 유용합니다. 신문의 역사부터 제작, 뉴스에 등장하는 용어 및 기자라는 직업에 대해 알려주는 책을 골고루 읽으면 신문이라는 매체가 좀 더 친숙하게 느껴질 수 있으니 함께 살펴보세요.

1단계 흘려 보기로 세상 만나기

　가끔 어린이들과 신문 읽기를 할 때, 기사를 발췌하여 바로 요약이나 감상 쓰기를 진행하는 경우를 봅니다. 기사는 일반적인 글과는 다른 문법으로 작성되었기 때문에 갑자기 요약 정리로 들어가면 신문이 어렵다는 생각이 들고 거부감이 생기기 쉽습니다. 어린이들 입장에서는 또 공부 거리가 하나 늘었다고 생각하겠지요.

　신문 기사는 기본적으로 독자가 세상 여러 분야에 대한 기초 지식과 흐름을 어느 정도 알고 있다는 전제로 쓰입니다. 한 가지 사회 이슈를 소개하기 위해 그와 관련된 개념이나 배경지식을 하나하나 설명해주지는 않는다는 뜻입니다. 그래서 신문을 읽어본 사람은 기사의 문법에 익숙하고 흐름을 알고 있어 어렵지 않게 읽을 수 있지만, 그렇지 않은 사람에게는 생소하게 느껴질 수 있습니다.

　따라서 신문을 처음 접할 때는 어떤 이슈들이 담겼는지 큰 시선으로 살피며 훑어보는 것이 좋습니다. 읽기가 아닌 보기라는 말이 더 어울릴 수도 있겠는데요. 신문을 잘 보이는 곳에 걸어두고 오가며 자연스럽게 보게 해보세요. 신문 보는 사람들이 흔히 그러는 것처럼 헤드라인, 즉 표제 중심으로 흘려 보다 보면 자연스럽게 요즘 세상의 풍경이 보일 거예요. 그것만으로도 첫 신문 읽기는 충분합니다.

집 안 어느 곳이든 좋지만 개인적으로 제가 권하는 장소는 식탁이 있는 곳입니다. 식사 시간은 가족이 모두 모이면서, 음식을 앞에 두고 있기에 마음이 편안해지고 다정한 대화를 주고받기 참 좋은 시간이지요. 그 시간, 식탁 옆 벽에 걸린 기사의 헤드라인을 가볍게 보면서 자연스럽게 이야기를 주고받으면 그것이 곧 세상 이야기를 나누는 시간이 됩니다. 단, 밥 먹는 시간까지 공부하는 느낌이 들지 않도록 주의하세요. 세상 풍경 보기 정도면 충분합니다. 차를 마시며 창밖의 풍경을 보는 것처럼 말이지요.

한 달 정도 그날그날의 신문을 걸어두면 장담하건데, 가끔은 아이가 그 앞에 가만 서서 기사 한 편을 집중해서 읽는 모습도 발견하실 거예요. 신문은 온갖 세상의 이야기가 담겨 있으니 어느 순간 관심이 가는 기사를 만나게 됩니다. 사람은 본능적으로 관심 있는 글은 읽게 되고요.

2단계 구성 요소와
기사 종류 알기

이 장의 서두에서 저는 어린이들과 신문 보는 일을 '신문 독서'라고 부른다고 이야기했는데요. 책이 본문을 포함한 다양한 요소로 구성되어 있고 그것을 모두 다 읽어야 독서라고 할 수 있는 것처럼 신문 또한 구성 요소를 함께 살펴봐야 전체 맥락이 보이기 때문입니다.

신문 읽기 1단계인 흘려 보기를 한 달 정도 했다면 신문의 대략적인 구성은 이미 자연스럽게 익혔을 거예요. 1면부터 마지막 면까지 대체로 어떤 내용이 담겨 있는지, 각 구성 요소는 어떻게 배치되어 있는지, 기사에 제목이 달린 형태, 기사마다 실린 사진과 사진 설명글, 신문에 실린 광고의 크기 및 위치, 그리고 기사 외 사설, 오피니언과 같은 신문사나 개인의 의견이 담긴 부분도 있다는 것 등을 말이지요. 이렇게 어렴풋이 알게 되었을 때쯤 각 구성 요소의 구체적인 명칭을 알려주세요. 더불어 그 뜻도 알려주세요. 명칭을 정확히 알게 되면 신문이라는 매체가 좀 더 또렷하게 보이고 익숙하게 느껴질 거예요.

신문의 큰 구성 요소	
제호	신문 이름
발행일	신문이 발행된 날짜
신문사 정보	신문을 만든 회사 정보, 책의 판권지 같은 역할
돌출 광고	제호 옆이나 기사 중간 등에 들어가는 광고
표제	기사의 큰 제목
부제	기사의 작은 제목
기사	독자들에게 전하는 새로운 소식
사진	기사와 관련된 사진
캡션	사진을 설명하는 글
사설	어떤 사안에 대해 신문사의 의견이나 입장을 쓴 글
오피니언	독자들의 의견
광고	여러 가지 광고

위 표에 있는 내용이 신문의 주요 구성 요소입니다. 어른들이 보는 신문에 일반적으로 들어가는 요소라고 할 수 있습니다. 왼쪽 칸에 적힌 구체적인 명칭과 오른쪽 칸의 뜻을 함께 살펴보도록 합니다. 그런데 어린이 신문은 어른 신문과 달리 기사 내용이 적고 대신 다른 요소가 많습니다. 구체적으로 어떤 점이 다른지 한번 살펴볼까요? 〈어린이조선〉과 〈어린이동아〉의 월요일부터 금요일까지 기사를 살펴보면 다음와 같은 내용이 더 담겨 있습니다.

어린이 신문에 들어가는 구성 요소	
학습	과목별 또는 한자 등의 학습적인 내용
어린이글(문예상)	어린이들의 시와 산문
연재만화	연재되고 있는 학습 만화나 기타 만화
눈높이 사설	어른 신문의 사설을 어린이 수준으로 쉽게 풀어쓴 것
명예기자	어린이들이 쓴 기사

어른 신문의 구성 요소, 어린이 신문의 구성 요소, 두 가지를 바탕으로 정리하면 아래와 같습니다. 아래 내용을 견출지에 써서 스티커처럼 만드세요. 그리고 신문을 쭉 넘기며 훑어보기를 하면서 해당 요소를 만날 때마다 스티커를 붙이게 해주세요.

제호	발행일	신문사 정보	돌출광고	전면광고
광고	표제	부제	기사	사진
캡션	사설	오피니언	광고	학습
어린이글	연재만화	눈높이 사설	명예 기자	

어린이 신문은 월요일부터 금요일까지 신문 구성이 조금씩 다르기 때문에 처음에는 모든 요일의 신문을 훑어보며 하는 것이 좋습니다. 그리고 위 표에 없는 것은 어린이가 직접 견출지에 구성 요소 이름을 써서

붙이게 해도 좋습니다.

신문 훑어보기를 하면서 구성 요소를 살펴봤다면 이제 기사만 다시 훑어볼 차례입니다. 기사는 환경, 과학, 경제, 스포츠, 연예, 정치, 문화 예술, 인물, 국제, 역사 등 저마다 분야가 있습니다. 이 또한 견출지에 써서 스티커로 만든 뒤, 신문을 훑어보며 기사마다 붙이게 해주세요. 훑어 보기를 하면서도 어떤 분야 기사인지 파악해야 하므로, 나름의 기준을 갖고 읽게 됩니다.

환경	과학	역사	경제	스포츠
연예	정치	문화	인물	국제

일주일 정도는 이렇게 매일 신문을 살펴보면서, 날마다 기사 배치나 구성이 어떻게 달라지는지 살펴보면 좋습니다. 〈어린이동아〉, 〈어린이조선〉 두 신문을 함께 보면 구성의 차이점도 알게 될 거예요. 어느 분야의 기사인지 견출지를 붙여보면서 세상의 다양한 면을 만나게 될 것입니다.

신문 훑어보기가 익숙해지면 빈 공책에 날짜를 쓰고 신문의 각 면마다 어떤 내용이 실렸는지 기록하는 것도 좋습니다. 하루치 신문을 훑어보면서 어떤 기사가 실렸는지, 기사 외 어떤 내용이 있는지 한 장으로 정리하면 세상사는 한눈에 보이고, 신문 구성 요소도 다시 정리가 될 거예요. 읽고 난 소감까지 간단히 기록하게 해주세요.

오늘의 세상 보기

제호

발행일

호수

오늘의 인물

오늘의 베스트 뉴스

오늘의 신문 용어

독자의 한마디

조금 더 자율적인 방식으로 정리해도 좋습니다. 신문의 모든 요소를 정리하는 것이 아니라 핵심 요소들, 독자 자신에게 의미 있는 내용을 정리하는 것인데요. '오늘의 인물', '오늘의 베스트 뉴스', '오늘의 신문 용어 2개', '오늘 하루 세상 보기 소감' 등을 기록해보는 것입니다.

- 오늘의 인물 : 오늘 신문에 나온 사람 중 가장 인상 깊은 사람이 무엇을 한 사람인지 까닭과 함께 간단히 쓰기
- 오늘의 베스트 기사 : 오늘 신문에 나온 기사 중에 가장 최고라고 생각하는 기사의 내용을 간단히 한 줄 정도로 설명하고 이유 쓰기
- 오늘의 신문 용어 : 오늘 신문에 나온 용어 중 일반 어휘가 아닌 신문, 기사, 세상, 시사 관련 용어를 두 가지 골라 용어와 뜻 조사해 쓰기
- 독자의 한마디 : 오늘 신문을 살펴본 독자로서 소감 쓰기

3단계 적극적으로 기사 만나기

　본격적으로 기사를 읽어볼 차례입니다. 2단계에서 기사 훑어보기를 했다면 이제는 기사를 말 그대로 읽는 것입니다. 그런데 어린이들에게 그냥 읽어보자고 하면 쓱쓱 넘기며 훑어보기만 할 가능성이 높습니다. 기사 한 편을 골라서 후다닥 읽고 끝낼 수도 있고요. 사람은 본래 관심 있는 텍스트만 읽게 되어 있기 때문에 자연스러운 모습일 수 있으나 그렇다고 관심이 가는 텍스트만 읽도록 둔다면 글을 읽고 성장하기 어렵습니다.

　교육이란 먹고 싶은 것만 먹게 하는 것이 아니라 건강한 성장을 위해 필요한 것을 잘 먹을 수 있도록 돕는 것이라고 생각합니다. 그런 차원에서 관심 기사를 넘어서 여러 기사를 읽을 수 있는 다양한 방법을 살펴보려고 합니다.

관심 별점 매기기

　기사를 읽고 기사 하단에 관심 별점을 매기게 해보세요. 시중에서 쉽게 구할 수 있는 별 스티커를 준비해서 기사를 읽은 후 붙이게 합니다. 어른들은 글을 잘 읽어야 한다는 생각에 정독과 이해를 강조하고는 하는데요. 어린이들에게 텍스트를 접하게 할 때 무조건 '정독'하고 '이해'해야 한다고 강조할수록 어린이들은 텍스트에 대한 거부감이 생기고 읽기를 더 싫어하게 됩니다. 자율성을 주면서도 어느 정도 꼼꼼하게 읽게 하는 방식 중 한 가지가 관심 별점을 매겨보게 하는 것입니다. 내용을 대강 이해해야 별점을 매길 수 있으니까요.

어린이 신문의 경우 하루치 신문에 실리는 기사는 대략 5~8개 정도이며 1, 2개 외에는 모두 짧은 기사입니다. 오늘 하루 실린 기사를 쭉 읽어보면서 부담 없이 할 수 있습니다. 최고 5개 기준의 별점은 세밀한 판단에 어려움이 생겨 오히려 부담을 느끼는 활동이 될 수도 있으므로 최대 관심은 3개, 최소 관심은 1개로 하면 좋습니다. 이것이 반복되면 어느 분야의 기사, 혹은 어떤 소재의 기사에 관심을 보이는지도 파악이 됩니다. 앞서 이야기했듯 우리 집 어린이의 관심사를 파악하는 일은 향후 진로 설정에도 도움이 되겠지요.

난이도 체크하기

관심 별점을 매겼다면 난이도도 체크해봅니다. 상/중/하 세 가지 중한 가지를 기사 표제 옆에 써보게 하는 것인데요. 글을 읽을 때 중요한 것 중 한 가지가 메타인지입니다. 자신이 글을 잘 읽고 있는지 아닌지, 잘 이해가 안 되는 것 같다면 이유는 무엇인지, 이해가 안 될 때 읽기 전략은 어떻게 취하면 좋을지 스스로 판단하여 읽기 과정을 조절하는 것이지요.

주체성 없이 숙제처럼 주어진 글만 많이 읽은 아이들은 글을 기계적으로 읽는 습관이 몸에 배어 있습니다. 글이 자신에게 어느 정도 난이도인지, 이해는 어느 정도 되었는지 인지조차 못하는 경우가 많습니다. 글을 온전히 내 것으로 만들기 위해서는 자기만의 읽기 전략을 찾는 활동이 선행되어야 하는데, 그 시작이 글의 난이도를 스스로 평가하게 하는 것입니다.

중요한 사실은 다소 어렵지만 흥미가 가서 어떻게든 이해하고 싶은 기사를 만나는 것, 그를 위해 스스로 읽기 전략을 취하는 경험을 해보는 것입니다. 반대로 쉽게 읽히지만 관심사가 아니라면 간단히 화제 파악만 하고 넘어갈 수도 있다는 것 또한 글을 읽는 독자의 선택 사항임을 알고 스스로 판단에 의해 경험해야 합니다. 이 과정이 텍스트를 대하는 주체적 자세를 형성하게 해줍니다.

난이도를 체크했다면 난이도 '상'의 글도 파악이 되었겠지요. 만약 그 글에 관심이 가서 꼭 이해하고 싶다면 스스로 읽기 전략을 취할 가능성이 높습니다. 종이 사전이나 온라인 사전을 활용해 어려운 어휘를 찾아보거나, 자신보다 읽기 능력이 앞선 독자에게 질문할 수도 있습니다. 여러 차례 반복해서 읽어보거나, 소리 내어 읽기보기, 기사 내용과 관련된 내용, 즉 기사를 이해하는 데 도움이 되는 내용을 검색해 보는 것도 방법입니다. 이처럼 다양하게 시도하면서 읽기 힘이 성장한다는 것을 기억하세요. 그 시작이 난이도 체크라는 것도요.

한 문장 댓글 달기

별점을 매기며 기사를 일주일 정도 편하게 읽었다면, 이제는 한 문장 독자 댓글 달기를 할 차례입니다. 댓글은 글에 대한 조금 더 적극적인 의사 표현입니다. 기사를 읽은 직후의 순간적인 생각이나 마음을 쓰면 되는데요. 보통 처음에는 단조롭게 표현할 가능성이 많습니다. '놀랍다', '흥미롭다' 정도로요.

그럴 때는 평서문, 의문문, 감탄문 세 가지 형태로 표현할 수 있다는 것을 알려주세요. 최소 3, 4어절 이상의 조건을 주어도 좋고요. 기사 안에 나온 단어 한 가지를 꼭 담아 쓰도록 하는 것도 구체적으로 표현하게 하는 한 가지 방법입니다.

모든 기사에 하고 싶은 말이 있을 수는 없습니다. 하루 신문에 실린 기사 중에서 2, 3개 정도만 써도 좋습니다. 댓글을 쓸 때는 기사 아래 긴 견출지를 붙이고 쓰게 하면 아이가 쓴 글이 더 명확히 보입니다. 무엇보다 견출지를 붙이면서 가족이 모두 댓글, 답글 등을 쓰며 의견을 주고받으면 일상적인 대화로 이어져서 시사 이야기를 편하게 나누는 분위기를 만드는 데 도움됩니다. 종이 신문에 쓰는 댓글이지만 건강한 댓글을 주고받는 연습을 하면서 온라인 기사나 온라인의 글들을 읽을 때도 건강한 댓글을 달아야 한다는 것을 배울 수 있습니다.

4단계 신문 생각 노트 쓰기

기사를 훑어 읽으면서 기사와 친해졌다면 이제 나만의 관심 기사를 모아 스크랩을 해보겠습니다. 원하는 노트를 마련해 정리하면 되는데요. 관심 있는 기사를 오려 붙이고, 제호, 발행일, 기사를 읽은 날, 관심도와 난이도 체크, 기사의 분야, 기사를 읽고 난 후 내 마음을 표현하는 이모티콘, 그리고 세 줄 독후감 기록을 남겨보면 좋습니다.

다른 내용은 기사 훑어보기에서 소개했으니, 세 줄 기사 독후감 쓰기를 알려드리겠습니다. 기사를 읽고 어떤 기사를 읽었고 나에게 어떤 부분(내용)이 흥미로웠는지, 그리고 나는 기사에 대해 어떻게 생각을 했는지 세 줄로 써보는 것입니다.

~에 대한 기사를 읽었다. (기사의 소재)

~부분(내용)이 흥미로웠다. (흥미로운 부분)

~라고 생각한다. (소감, 생각, 의견)

신문 읽기 생각 카드

제호	발행일			기사 읽은 날			관심도	난이도
	년	월	일	년	월	일	☆☆☆	☆☆☆

환경	과학	역사	경제	스포츠	연예	정치	문화예술	인물	국제

좋아요

따뜻해요

화나요

슬퍼요

놀라워요

다음 기사 원해요

기사 소재	
흥미로운 부분	
소감, 의견, 생각	

앞서 신문에 직접 써본 한 줄 댓글이 세 줄 독후감의 마지막 문장이 되는 것이고, 그 앞에 두 문장을 덧붙임으로서 완결된 글의 형태가 됩니다. 짧게 쓰더라도 완결된 형태의 글을 쓰도록 계속 연습해야 긴 글 쓰기도 잘할 수 있습니다.

이렇게 정리하면 아이만의 관심 기사를 모은 멋진 신문 스크랩 공책이 되는데요. 써야 할 내용이 더 자세히 담긴 옆 페이지 양식을 사용해도 좋습니다.

세 줄 독후감을 기본으로 하지만, 기사에 따라서 조금씩 다른 방식의 활동도 가능합니다. 그중 한 가지로 PMI 기법이 있는데요. 이 방법은 에드워드 드 보노가 만든 창의적인 사고 기법입니다. 어떤 아이디어에 대한 장점(Plus), 단점(Minus), 흥미로운 점(Interesting)을 생각해보는 것이지요. 이를 신문 기사 읽기에도 적용하면 해당 기사에 담긴 내용의 좋은 점, 나쁜 점, 흥미로운 점을 기록해볼 수 있습니다. 그러다 보면 기사를 좀 더 적극적으로 읽을 수 있고, 기사의 내용에 대해 다각도로 생각할 수 있어 좋습니다.

5단계 다양한 방식으로 기사 독해하기

신문 읽기 생각 노트를 통해 자신의 마음을 끄는 기사를 읽고 세 줄로 된 기사 독후감까지 써봤다면 이제 무엇을 해야 할까요? 조금 더 본격적인 독해 연습을 할 차례입니다. 독후감부터 쓰고 독해 연습을 한다는 것이 다소 의아하실 수도 있습니다. 세 줄 독후감은 기사의 내용을 대강 이해하고 단숨에 감상까지 써보면서 기사와 친해지기 위한 연습입니다. 세부 내용도 당연히 중요하지만 기사에 실리는 다양한 세상 이야기를 만나고 읽어내며 기사의 문법에 익숙해지는 것이 더 중요하지요.

따라서 이 과정을 거친 후 조금 더 자세한 기사 독해 연습이 들어가면 훨씬 수월합니다. 이 책의 4장 읽기 문해력에서 말씀드린 것처럼 어떤 텍스트든 우선 같은 글을 많이 읽어야 흐름에 익숙해져서 자세한 내용도 이해할 수 있습니다. 만약 다양한 기사 글을 많이 읽어본 경험 없이 독해 연습에 들어가면 글 자체에 부담을 가질 가능성이 많습니다. 독해의 기본은 글에 대한 관심이며, 관심을 갖게 하기 위해서는 우선 즐겁게 읽어야 한다는 것을 늘 기억하세요.

사인펜을 사용해 내용 분류하기

기사를 눈으로 쭉 읽으면 기사에서 이야기하는 것이 무엇인지 1차적으로 파악이 됩니다. 보통 그렇게 글을 읽고 넘어가지요. 세상 풍경을 살펴보기 위한 목적으로만 읽는다면 괜찮습니다. 그러나 우리는 신문 기사를 통해 읽기 힘을 키우기 위한 방법을 배우는 중이므로, 조금 더 적극적인 읽기 전략을 생각할 필요가 있습니다. 가장 손쉽게 할 수 있는 방법으로는 기사를 읽으며 사인펜을 활용해 밑줄을 그어보는 것입니다. 중요한 것은 어떤 부분에 어떻게 밑줄을 그을 것인가 하는 점인데요. 독자가 스스로 결정하는 것이 가장 좋습니다. 1회, 2회, 3회 반복하여 읽으며 아래처럼 체크하게 해보세요.

1회 읽기 : 흥미로운 부분에 노란색 사인펜 밑줄

2회 읽기 : 중요하다고 생각하는 부분에 빨간색 사인펜 밑줄

3회 읽기 : 이해가 안 되는 내용에 파란색 사인펜 밑줄

이렇게 세 군데를 체크하며 읽으면 기사가 훨씬 명확하게 다가옵니다. 흥미롭다고 밑줄 그은 부분은 왜 그 부분이 흥미 있었는지 질문을 통해 이야기를 확장해볼 수 있습니다. 중요하다고 표시한 부분은 기사의 핵심 내용을 찾는 것으로, 혹시 어린이가 전혀 다른 부분에 밑줄을 그었다고 판단이 되면 역시 질문과 대화를 통해 왜 그 부분에 밑줄을 그

었는지 이야기를 나누면서 중심 내용에 다가설 수 있게 도와줄 수 있습니다.

그다음으로 이해가 안 되는 내용이라고 밑줄 그은 부분을 살펴봐야 하는데요. 이해가 안 되는 내용에 직접 밑줄을 긋는 행동 자체가 어린이 스스로 메타인지를 활성화시켜 기사 내용을 자신이 어느 정도 이해했는지 판단하는 데 도움이 됩니다. 어른은 그 부분을 보고 왜 이해가 되지 않았는지 질문하여 답변에 따라 배경지식을 설명하거나 어휘의 의미 이해를 보조하는 등 도움을 줄 수 있습니다.

독해를 지도할 때 어른 기준으로 어휘 파악부터 중심 내용 파악까지 한 번에 지도하는 경우가 많은데 이 방식은 생각보다 효율적이지 못합니다. 밑줄 긋기 활동을 하면 아이의 기준에 맞추어 독해 지도를 할 수 있습니다.

문단 순서 맞혀보기

어떤 글이든 맥락이 있습니다. 이 맥락을 파악하는 것이 읽기의 본질이라고도 할 수 있습니다. 한 편의 글이 어떻게 전개되는지 주의 깊게 읽다 보면 글의 맥락이 파악되는데요. 이를 적극적으로 돕는 방법 중 한 가지가 문단 순서 맞혀보기입니다.

어린이 신문에 실리는 기사는 보통 짧으면 2문단에서 많으면 5, 6문단 정도입니다. 기사를 오린 뒤 그 기사를 문단별로 다시 오리세요. 그리고 순서에 맞게 나열하게 해주세요. 한 편의 기사로 완성시키기 위해 순서를 맞혀보는 과정에서 글의 맥락을 파악하려는 의지도 생겨 글

이해력이 성장합니다.

만약 순서에 맞게 나열하지 못했다면 나열한 그대로 읽으면서 이유를 알아보세요. 그리고 본래 기사를 보며 어린이가 나열한 것과 어떻게 다른지 비교하는 과정을 거치면 스스로 차이점을 알게 됩니다. 자신이 어떤 점을 놓쳐 순서를 잘못 놓았는지 깨닫게 되고요.

기사 내용 피라미드 정리하기

신문 기사의 맥락을 알았다면 맥락에 맞게 기사 내용을 글로 정리해볼 필요가 있습니다. 그러기 위해서는 기사의 구조를 알아야 합니다. 기사의 종류에 따라 차이가 있으나 보통은 '전문-본문-해설' 구조로 이루어져 있습니다. 전문은 기사 내용을 전체적으로 압축해 전달해주는 내용으로, 이 전문만 읽으면 기사의 전체 내용을 대강 짐작할 수 있습니다. 다음은 '본문'으로, 전문에서 간략히 전해준 내용을 더 자세히 설명하는 내용입니다. 그리고 마지막으로 '해설' 부분은 기사에 실린 내용에 대한 전문가의 의견이나 시민의 인터뷰, 전망 등에 대해 짤막하게 소개하는 내용입니다.

그런데 어린이 신문의 경우 전문과 해설이 따로 있지 않는 경우가 많습니다. 전문은 긴 기사 내용의 핵심을 전달하는 부분인데 어린이 신문 기사는 기사 자체를 짧게 구성하는 경우가 많다 보니 바로 본론으로 들어가기 때문입니다. 또 '해설' 부분은 주로 큰 정치적 이슈나 큰 사회적 사건에 대한 기사의 마무리에서 기사에 담긴 내용에 대해 정리하고자 싣는 내용인데요. 어린이 신문에서는 그런 민감한 이슈나 사안은 잘 다루지 않기 때문에 해설 부분도 없을 때가 많습니다.

　이런 점을 고려하되, 기사는 결국 전하고자 하는 핵심 내용이 있다는 것, 그리고 독자의 이해를 돕기 위해 핵심 내용을 조금 더 자세히 설명해준다는 것을 기억할 필요가 있습니다. 또한 중요한 것은 기사를 이해하기 위해 어휘 파악부터 하는 것인데요. 기사에 나온 어휘를 모두 조사하려고 하면 기사를 읽기도 전에 지치게 되므로 바람직하지 않습니다. 문맥 속에서 파악할 수 있는 것, 어른의 설명으로 이해할 수 있는 것은 제외하고 정말 사전에서 찾아볼 의미가 있는 것 딱 세 가지만 골라 정리하면 좋습니다.

　다음 페이지의 양식을 활용하면 기사 한 편을 간략하게 정리할 수 있습니다. 아래 내용을 참고해 빈칸을 채워보세요.

- 가장 상단 직사각형 안에는 기사의 표제를 완결된 형태의 문장으로 씁니다.
- 그 아래 깃발 3개에는 어려운 어휘 3개만 골라 뜻을 찾아 씁니다. (사전이나 어른의 설명)
- 역삼각형의 상단에는 기사의 핵심 내용을 씁니다. 기사의 전문, 본문, 해설 중에서 주로 '전문'에 나와 있습니다. 전문이 없는 기사는 전체 내용에서 결국 말하고자 하는 것, 핵심을 씁니다.
- 역삼각형의 하단에는 기사의 핵심 내용을 뒷받침하는 자세한 내용을 씁니다.

어휘 지우고 넣어보기

한 편의 기사를 먼저 읽어본 뒤 어휘 부분을 지워두고 어린이가 짐작해보게 하는 활동 또한 문해력을 키우는 데 상당한 도움이 됩니다. 사라진 어휘를 찾기 위해서는 기사의 전체 내용 파악이 필수입니다. 적절한 어휘를 찾기 위해 어떤 내용의 기사인지, 어떤 맥락으로 쓰였는지 적극적 읽기를 하게 됩니다. 다만 어떤 어휘를 삭제할지 잘 결정해야 하는데요. 난이도별로 소개하겠습니다.

난이도 하 – 어렵지 않은 일반적 어휘, 일상 어휘 삭제하기

기사의 주제와는 큰 관련이 없지만 일상적으로 쓰이는 쉬운 어휘를 삭제합니다. 어울리는 어휘를 생각하며 읽는 과정에서 기사 전체 맥락을 파악할 수 있습니다. 실제 기사에 쓰인 어휘가 아니더라도 맥락에 맞으면 잘 이해했다고 보면 됩니다. 이 방법은 신문 독해의 한 가지 방법이기도 하지만 어휘력을 기르는 방법이기도 하기에 기사가 아닌 여러 텍스트 읽기에도 활용할 수 있어 좋습니다.

난이도 중 – 기사 내용과 밀접하진 않으나 다소 어려운 어휘 삭제하기

기사 내용, 핵심 주제와 아주 밀접하진 않으나 약간 어려운 어휘를 지워봅니다. 역시 기사를 이해하기 위해 노력하며 읽게 되는데요. 이 단계에서부터는 보기를 제시하는 것이 필수입니다. 보기에 해당 어휘와 뜻을 알려주어야 어휘와 뜻을 연결지어 의미를 이해하고 또 그 어휘가 기사의 어느 부분에 들어가는지 추론할 수 있습니다.

난이도 상 – 기사 내용과 관련된 어휘나 핵심어 삭제하기

기사의 내용과 관련된 용어나 핵심어는 시사 용어, 전문 용어일 가능성이 높기 때문에 난이도가 가장 높은 활동입니다. 그럼에도 불구하고 해보는 이유는 평소에 만나기 어려운 용어를 적극적으로 이해하고 익혀보기 위해서입니다. 또 용어의 쓰임새를 알아보는 것도 이 활동의 이유입니다. 용어가 문장 안에 어떻게 담겼는지 읽어봐야 실제 쓰임을 알 수 있습니다. 이 경우도 어휘와 어휘 뜻을 보기로 제시하고 맞혀보게 하는 것이 필수입니다.

지면에 인쇄된 어휘를 어떻게 삭제해야 할까요? 시중에서 쉽게 구할 수 있는 수정 테이프를 활용해 지우면 간단합니다. 또는 어린이 신문 기사 홈페이지에서 찾은 기사를 큰 글씨로 출력하여 해당 어휘 부분을 크기가 맞는 견출지로 가려보는 것도 좋은 방법입니다.

6단계 신문 일기 쓰기로 관점 세우기

여기까지 잘 따라왔다면 이미 기사라는 형식의 글에 익숙해졌을 거예요. 다양한 사회 이슈와 세상 이야기도 만나보았을 거고요. 처음에는 낯설게 느껴지던 기사의 문법, 구성, 어휘도 이해되어서 기사를 읽는 데 큰 어려움이 없을 것입니다. 오히려 신문을 읽는 일이 즐거워져서 매일 아침 신문을 기다리게 될 수도 있습니다.

자, 그럼 이 단계에서는 무엇을 해볼 수 있을까요? 지금까지 했던 활동을 총체적으로 담아 자기 생각까지 연결하는 신문 일기 쓰기를 할 차례입니다. 앞서 기사의 맥락을 파악하는 것이 중요하다고 말씀드렸는데요. 그다음은 독자 맥락, 즉 독자 입장에서 텍스트를 해석하고 자신의 의견을 덧붙이는 일까지 나아가야 합니다. 우리가 읽기를 하는 이유는 궁극적으로 자기 삶의 관점을 갖기 위함입니다. 그래야 주체적인 의식을 가질 수 있습니다. 주체성의 발현이 바로 쓰기인 것이고요.

신문을 읽으면서 다양한 사회를 만나고 그 속에서 자기 생각을 정리하고 확인하는 글쓰기, 이것이 바로 신문 일기 쓰기입니다. 그렇다면 신문 일기 쓰기를 어떻게 해야 할지 살펴보도록 하겠습니다.

우선 글을 쓰기 전에는 자기 생각을 발산하고 그것을 말로 정리해 보는 연습이 필요합니다. 그래야 글에 담을 내용을 확보하고 그것을 또 조직하는 연습까지 가능합니다. 생각과 말은 달라서 막상 말로 표현하려면 정확한 어휘를 사용하는 일도, 또 정확한 문장으로 구사하는 일도 쉽지 않다는 것을 알게 될 거예요. 그럴수록 더 충분히 말로 풀어낼 수 있도록 도와주세요. 그렇다면 어떤 내용을 말해야 신문 일기 쓰기를 할 수 있을까요? 말하기 카드를 활용하면 되는데요. 다음은 말하기를 돕는 질문입니다.

어떤 표제의 기사를 읽었나요? (사실적 말하기)

그 기사는 무엇에 대한 기사인가요? (사실적 말하기)

기사 내용을 조금 더 자세히 설명해볼까요? (사실적 말하기)

기사에서 흥미롭거나 인상 깊었던 내용은 무엇인가요? (생각 말하기)

기사가 결국 말하고자 하는 것은 무엇인가요? (추론적 말하기)

기사를 읽고 어떤 생각을 했나요(소감이나 의견은 무엇인가요)?

(생각 말하기)

기사를 읽고 실천해보고 싶은 것은 무엇인가요? (생각 말하기)

기사를 읽고 더 알아보고 싶은 것이 있나요? (생각 말하기)

그리고 이 질문을 바탕으로 어린이 스스로 말해보게 하려면 다음 카드에 담긴 내용을 활용해주세요. 오리거나 잘라 카드를 만들면 되는데요, 어린이 스스로 첫마디를 할 수 있게 돕는 글쓰기 도움 카드이자 말하기 카드입니다. 질문할 어른이 없을 때 혼자 카드를 보면서 말하기 연습을 하기에도 좋습니다.

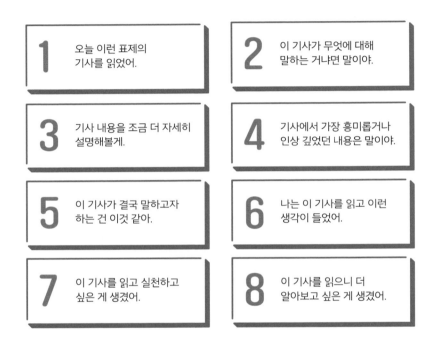

1 오늘 이런 표제의 기사를 읽었어.

2 이 기사가 무엇에 대해 말하는 거냐면 말이야.

3 기사 내용을 조금 더 자세히 설명해볼게.

4 기사에서 가장 흥미롭거나 인상 깊었던 내용은 말이야.

5 이 기사가 결국 말하고자 하는 건 이것 같아.

6 나는 이 기사를 읽고 이런 생각이 들었어.

7 이 기사를 읽고 실천하고 싶은 게 생겼어.

8 이 기사를 읽으니 더 알아보고 싶은 게 생겼어.

이렇게 말하기를 통해 기사 내용과 소감을 자유롭게 발산했다면, 다음으로는 말한 내용을 엮어 맥락 있게 말하도록 도와주세요. 그 방법으로는 어린이들이 읽은 기사에 대해 소개하는 대본을 작성하는 방법이 있습니다. 말한 내용이 모두 들어가도록 만든 오른쪽 대본 양식을 활용해보세요. 익숙해졌다면 말한 내용을 잘 엮어 스스로 전체 내용을 써보는 것이 좋습니다.

재미있는 기사를 소개합니다!

▶   [🔍]   ☰

여러분, 안녕하세요?

기사 소개하는 어린이 _____ 입니다.

오늘 저는 _____ 이라는 표제의 기사를 읽었습니다.

이 기사는 _____ 에 대한 기사인데요.

조금 더 자세히 설명해 드리겠습니다. _____

_____.

제가 이 기사를 읽고 가장 흥미롭고 인상 깊던 부분은요. _____

_____.

_____ 때문입니다.

이 기사에서 말하고자 하는 것은 결국 무엇일까요?

저는 _____

_____ 라고 보았습니다.

여러분은 어떻게 생각하시나요?

저는 이 기사를 읽고 _____.

여러분도 이 기사를 읽어보세요. 그리고 우리 사회에서 일어나는

일에 대해 같이 생각해보면 좋겠습니다.

오늘 저의 기사 이야기가 도움이 되셨다면 구독과 좋아요,

알림 설정 부탁드릴게요!

| 조회수 | 회 _____ 년 _____ 월 _____ 일 구독자 | 명 👍 |

▶ ▸▸ 🔊   ⚙ ⛶

267

주의할 점은 말하기 카드의 내용이 모두 담기진 않아도 된다는 것입니다. 1~5번은 기사 내용에 대한 말하기이므로 필수이지만, 6~8번은 기사 내용과 어울리는 것만 골라서 말해보도록 하면 됩니다. 또한 이 활동에서 특히 중요한 것은 5번 질문입니다. '이 기사에서 말하고자 하는 것'을 파악하려면 추론 능력이 필요합니다. 우리는 기사문을 흔히 '사실'을 전달하는 글로 알고 있으며 실제 그렇기도 합니다. 그러나 모든 사회적 이슈와 현상은 그 사실만 맥락 없이 존재하진 않습니다. 우리가 사는 곳에서 벌어지는 일이기 때문에 사람들의 행동 변화나 의식의 변화를 암묵적으로 촉구하거나 은연 중에 어떤 방향을 제시하고 있기도 합니다. 그걸 알아내는 것이 어쩌면 기사 읽기의 핵심일 수 있습니다.

5번의 추론을 위해서는 사실적 내용 이해가 중요하기 때문에 결국 5번을 중심으로 하여 1번, 2번, 3번의 내용을 잘 말해야 하고, 사실을 바탕으로 기사에 숨겨진 의미나 목적을 추론해냈다면 자기 생각을 말하는 4번, 6~8번으로 이어가면 됩니다.

그리고 마지막으로 신문 일기를 쓰게 해주세요. 말하기 카드 내용을 바탕으로 자신의 관점이나 의견까지 담기도록 쭈욱 서술하면 한 편의 신문 일기가 됩니다. 시간적 여유가 된다면 매일, 그렇지 않다면 주 3회 정도 이 일기를 꾸준히 쓰면 필력은 물론이고 세상을 보는 힘, 그리고 그 세상 속에서 자신의 관점을 세우는 일에 능동성을 갖게 될 거예요. 세상 보는 힘을 키운 어린이는 어떤 상황에 처해도 지혜롭게 잘 대처하며 살아갈 수 있을 거라 믿습니다.

신문 기사는 언뜻 보기에 읽기 쉬워 보이기도 합니다. 책처럼 두껍지 않고, 짧기 때문입니다. 그러나 사회 현상과 이슈를 압축하여 짧은 글로 표현한 글이라 완전히 이해하기란 쉽지 않습니다. 우리가 살아가는 사회적 맥락에 대한 이해를 기반으로 하기 때문에 더욱 그렇지요.

그러나 이렇게 첫 단계부터 꾸준히 한다면 6개월 정도 후에는 몰라보게 성장해 있을 거예요. 그렇게 잘 성장했다면 마지막으로 두 가지를 더 해볼 것을 권하고 싶은데요.

우선 한 가지는 관련 문학, 비문학 도서 찾아 읽기입니다. 꾸준히 기사를 읽다 보면 어린이가 주로 어떤 단어, 용어, 이슈에 민감하게 반응하는지 파악이 되었을 거예요. 기사는 지금 이 순간 세상에서 화제가 되고 있는 소식을 전하지만 어제오늘 갑자기 이슈가 된 일만 다루는 것은 아니에요. 사회적인 문제로 오랫동안 사람들 입에 오르내리기도 하고 공론화된 적이 많은 이야기를 다루기도 합니다. 그런 문제라면 이미 어린이 문학, 비문학책으로 나와 있는 주제일 거예요.

환경 문제든, 과학 기사에서 알게 된 이야기든, 그 주제어(핵심어)로 온라인 서점에서 어린이책을 검색해보세요. 검색 결과로 나온 여러 가지 책 중 마음에 가는 책을 읽도록 합니다. 기사는 이슈에 대해서 간략하게 전달하는 글이다 보니 전체 내용을 깊이 이해하기는 어렵습니다. 바로 이러한 특징이 기사가 어려운 이유라는 말씀도 드렸지요. 반면 책은 기승전결의 구조로 되어 있어서 해당 주제에 관한 내용을 총체적으로 바라볼 수 있습니다. 그래서 가치 판단에 더 도움이 될 뿐 아니라 기사를 읽고 단편적 생각에 머무르거나 순간적인 감정만 표현하는 일이 줄어듭니다.

다음으로는 가짜 뉴스 관련 도서를 읽으며 뉴스의 진실성에 대해 생각해보면 좋겠습니다. 미디어 리터러시의 중요성이 점점 커지면서 어린이를 대상으로 한 가짜 뉴스 관련 도서가 문학, 비문학 분야에서 모두 출간되고 있습니다. 어린이들 스스로 기사를 판단하기란 쉽지 않습니다. 관련 도서들을 읽어보며 가짜 뉴스가 있다는 사실을 먼저 인지하고 무조건 맹신하기보다 비판력을 가지고 기사를 읽어야 한다는 것을 알면 좋겠습니다.

이번 장의 서두에서 말씀드린 것처럼 이는 교육으로만 해결되기 어렵습니다. 입장이 다른 여러 신문사의 기사를 꾸준히 읽으면서 세상을 바라보는 여러 관점과 방식이 있다는 사실을 알고 스스로 판단할 수 있는 힘을 키우는 것이 훨씬 본질적인 방법입니다. 그래서 통찰이 필요한 것이지요. 이는 어른에게도 쉽지 않은 일입니다. 다만 읽으면 읽을수록 자연스럽게 자라는 것이 통찰력이기도 합니다. 아이와 함께 글을 통해 세상을 읽고, 자기만의 가치관과 통찰을 키울 수 있도록 도와주세요.

구분	도서명	저자	출판사
가짜 뉴스 관련 도서 (문학)	특종 전쟁	이굴희	별숲
	가짜 뉴스를 시작하겠습니다	김경옥	내일을여는책
	가짜 뉴스 팩트체크 하겠습니다!	조아라	엠앤키즈
	가짜 뉴스 방어 클럽	임지형	국민서관
	개가짜 뉴스	신현경	한겨레아이들
가짜 뉴스 관련 도서 (비문학)	어린이가 알아야 할 가짜 뉴스와 미디어 리터러시	채화영	팜파스
	봉쭌TV 가짜 뉴스를 조심해	윤선아	위즈덤하우스
	가짜 뉴스는 위험해	김창룡	봄나무
	비상! 가짜 뉴스와의 전쟁	상두라 라부카리	다림
	신문방송 박물관	양승현	안녕로빈

📖 참고 도서

《저 책은 절대 읽으면 안 돼!》, 임지형, 미래엔아이세움

《독서교육론》, 이순영 외, 사회평론아카데미

《어린이와 그림책》, 마쓰이 다다시, 샘터

《아이들은 이야기밥을 먹는다》, 이재복, 문학동네

《옛이야기의 매력 1》, 브루노 베텔하임, 시공주니어

《판타지 동화를 읽습니다》, 김서정, 학교도서관저널

《판타지 책을 읽는다》, 가와이 하야오, 비룡소

《행복한 NIE 교과서》, 정선임, 행복한미래

《나는야 어린이 신문 기자》, 박세준, 인물과사상사

《신문 읽기의 혁명 1》, 손석춘, 개마고원